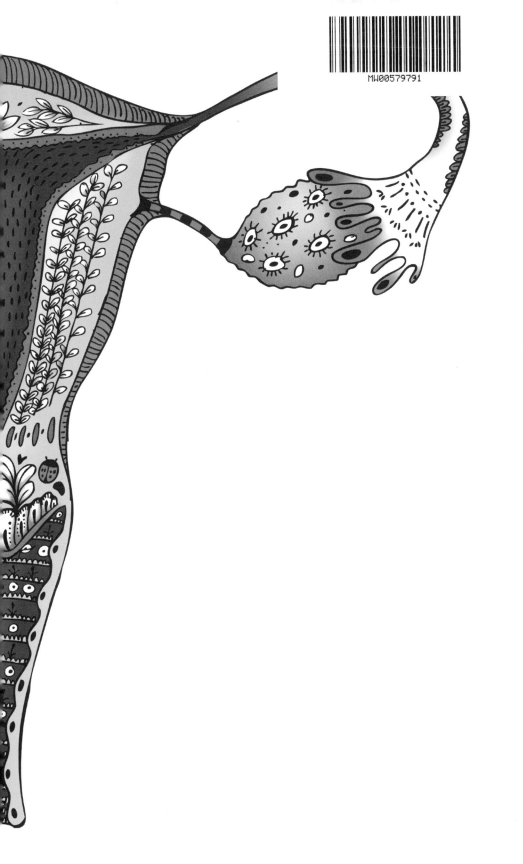

MW00579791

¿Qué PACHA, MAMÁ?

LOLA VENDETTA

RAQUEL RIBA ROSSY

Lumen

Papel certificado por el Forest Stewardship Council®

Primera edición: abril de 2018

© 2018, Raquel Riba Rossy
Derechos cedidos mediante acuerdo con International Editor's Co.
© 2018, Penguin Random House Grupo Editorial, S. A. U.
Travessera de Gràcia, 47-49. 08021 Barcelona

Penguin Random House Grupo Editorial apoya la protección del *copyright*.
El *copyright* estimula la creatividad, defiende la diversidad en el ámbito de las ideas y el conocimiento,
promueve la libre expresión y favorece una cultura viva. Gracias por comprar una edición autorizada
de este libro y por respetar las leyes del *copyright* al no reproducir, escanear ni distribuir ninguna
parte de esta obra por ningún medio sin permiso. Al hacerlo está respaldando a los autores
y permitiendo que PRHGE continúe publicando libros para todos los lectores.
Diríjase a CEDRO (Centro Español de Derechos Reprográficos, http://www.cedro.org)
si necesita fotocopiar o escanear algún fragmento de esta obra.

Printed in Spain – Impreso en España

ISBN: 978-84-264-0543-2
Depósito legal: B-3052-2018

Compuesto en M. I. Maquetación, S. L.
Impreso en Gráficas Cems, S. L.
Villatuerta (Navarra)

H 4 0 5 4 3 2

Penguin
Random House
Grupo Editorial

A mi madre, Clara Rossy Ramírez, por todo, que no es poco.

A mi padre, Jaume Riba Samarra, un ejemplo de hombre para el mundo.

A César, mi hombre, por su voluntad de trabajar el alma y por su corazón gigante.

A Guille, el Campeón, porque eres el puto amo.

A Marc, a Núria y a Míriam, por ser los mejores maestros.

A Fabienne Yot, por inspirarme en el personaje de la Sellene Folliot y por todo el vino que me he pimplado en su galería.

PACHA MAMA

TÉRMINO EN AIMARA QUE SIGNIFICA

DEL LATÍN MAMMA "MADRE" Y "TETA"

TIERRA
MUNDO
UNIVERSO
TIEMPO
ÉPOCA

Y EN QUECHUA

⊛ PRINCIPAL LENGUA DE LOS AIMARA, SITUADOS EN BOLIVIA, PERÚ, ARGENTINA Y CHILE.

⊛ FAMILIA DE IDIOMAS ORIGINADA EN LOS ANDES CENTRALES QUE SE EXTIENDEN POR LA ZONA OCCIDENTAL DE LATINOAMÉRICA.

PERSONAJES

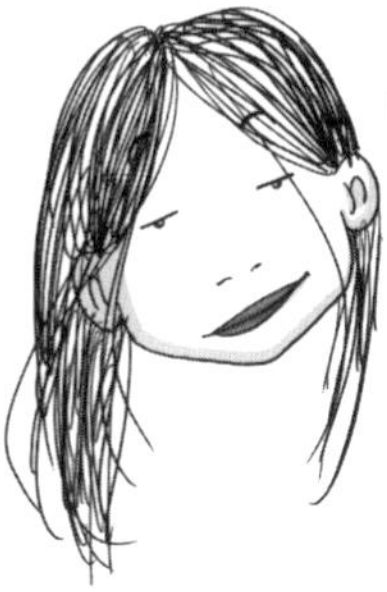

LOLA VENDETTA
LA PROTA.

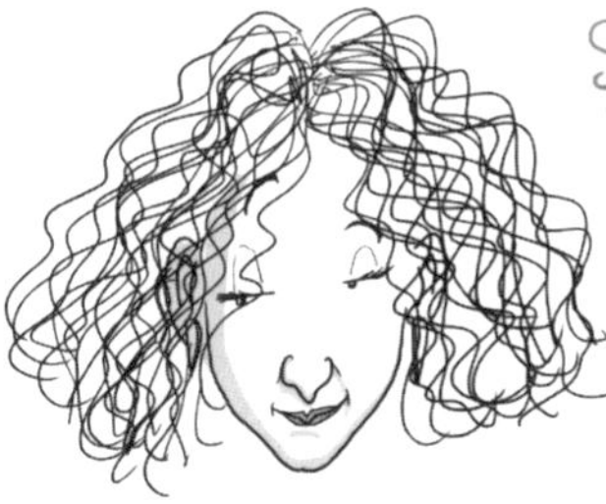

SELLENE FOLLIOT
FUMADORA, AMANTE DEL VINO Y MADRE DE LOLA Y DEL CAMPEÓN.

MADE IN FRANCIA.

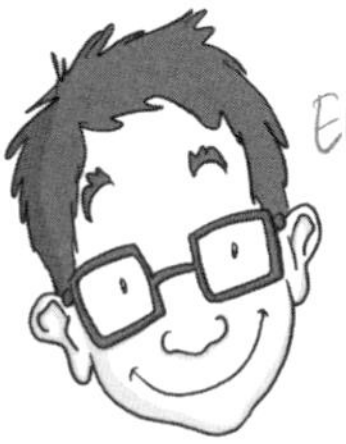

EL CAMPEÓN
HERMANO DE LOLA.

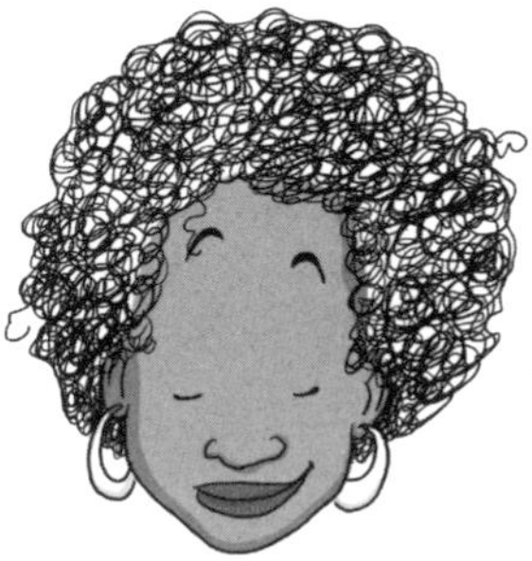

ROSA
AMIGA DE LOLA.

MADE IN COLOMBIA

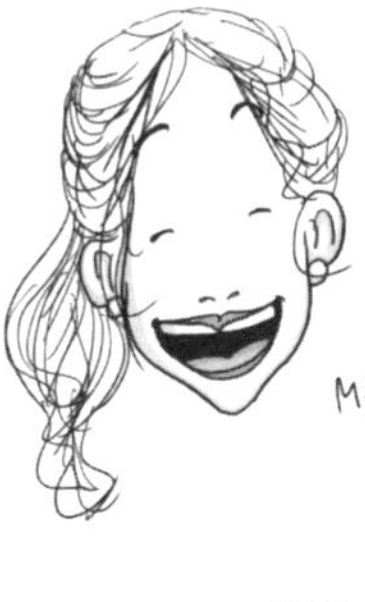

MAITE
LA AMIGA CURSI DE LOLA.

MADE IN MADRID.

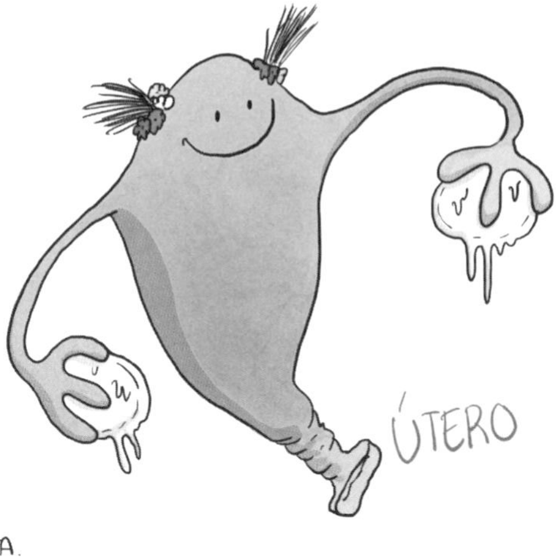

ÚTERO

DIEGO
EGO DE LOLA VENDETTA.

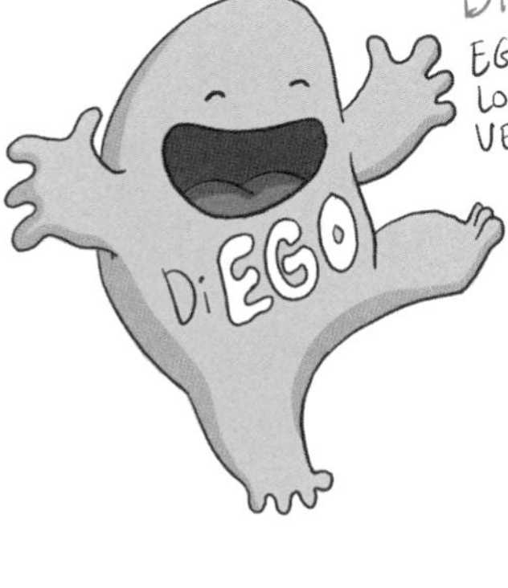
DiEGO

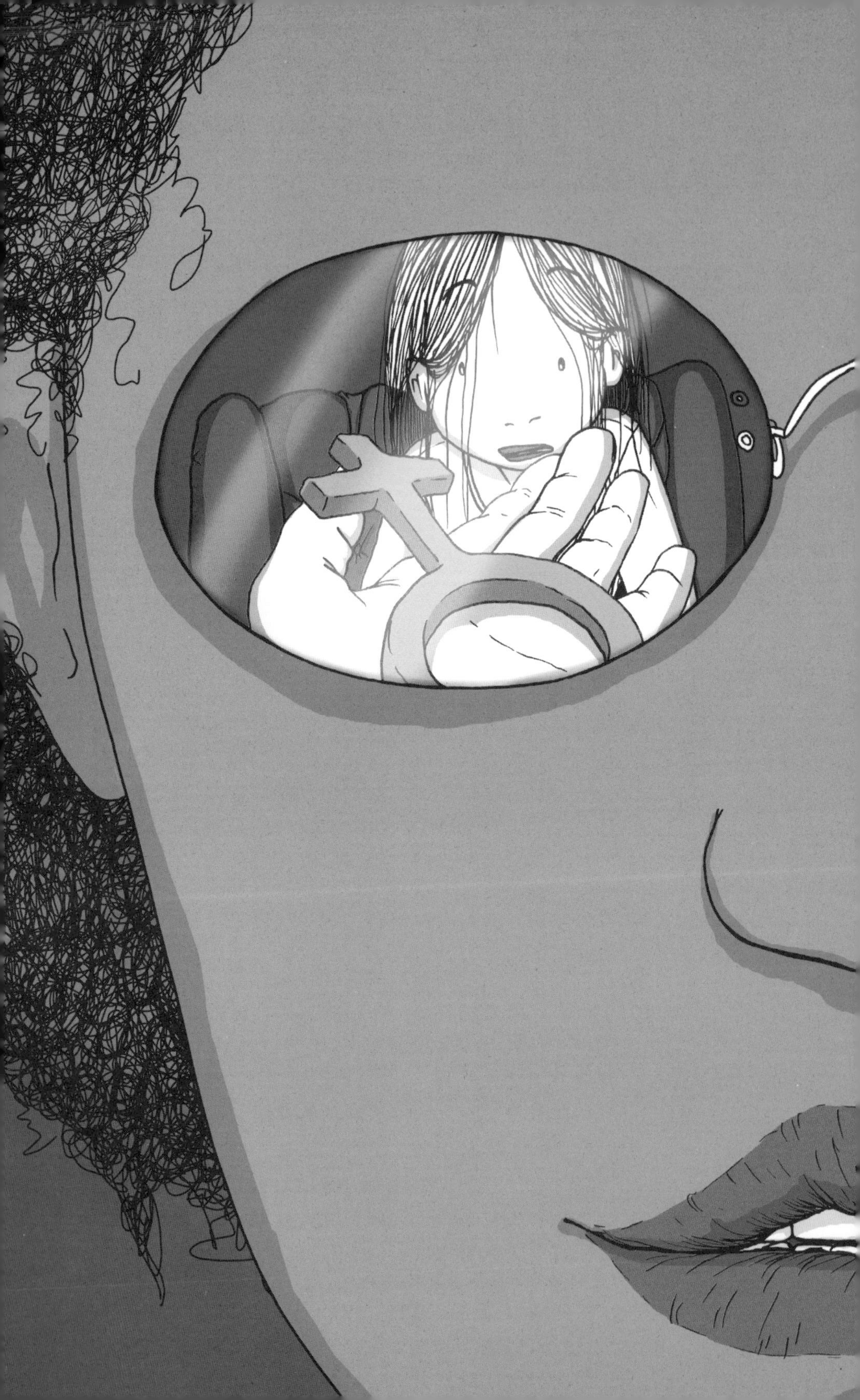

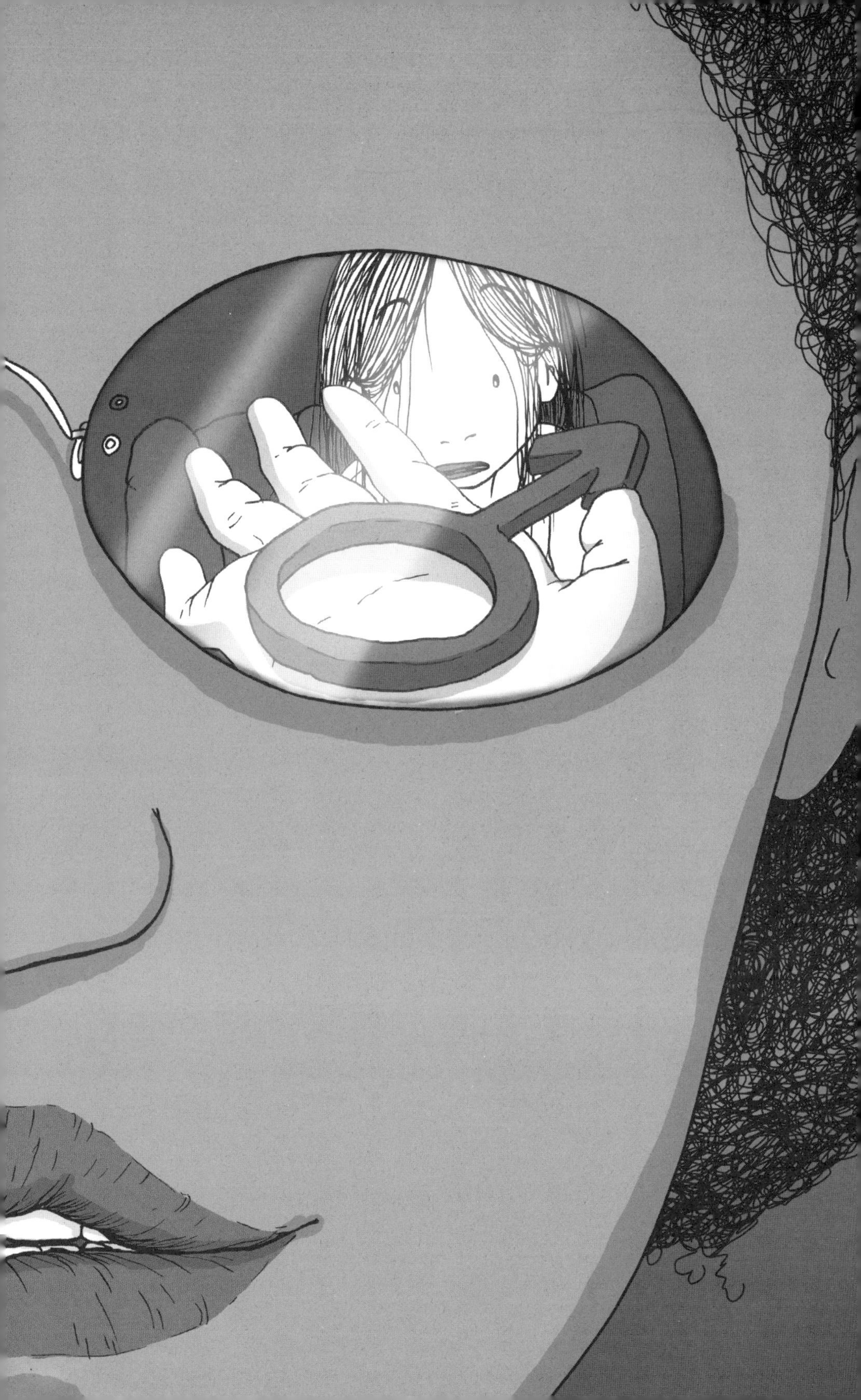

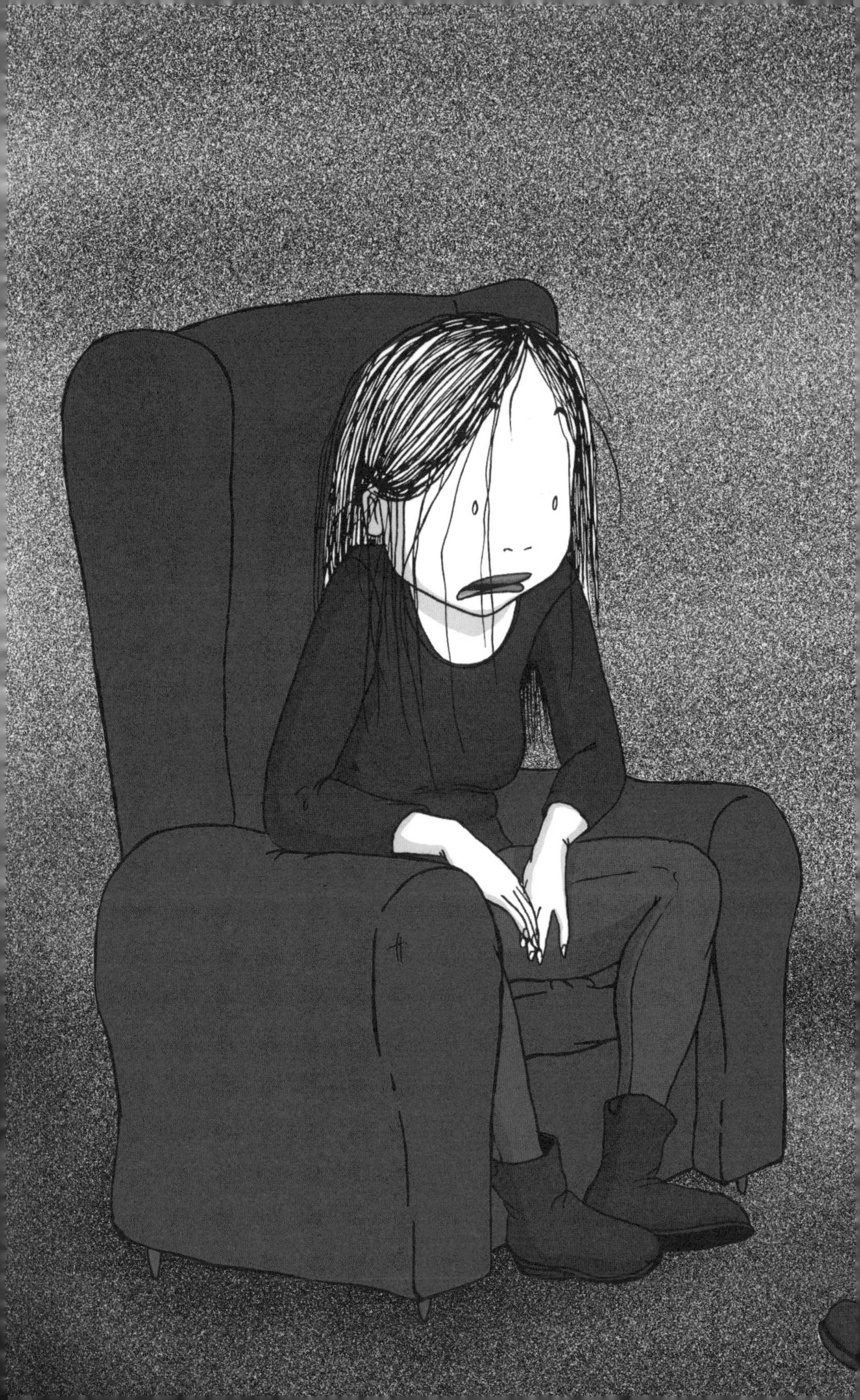

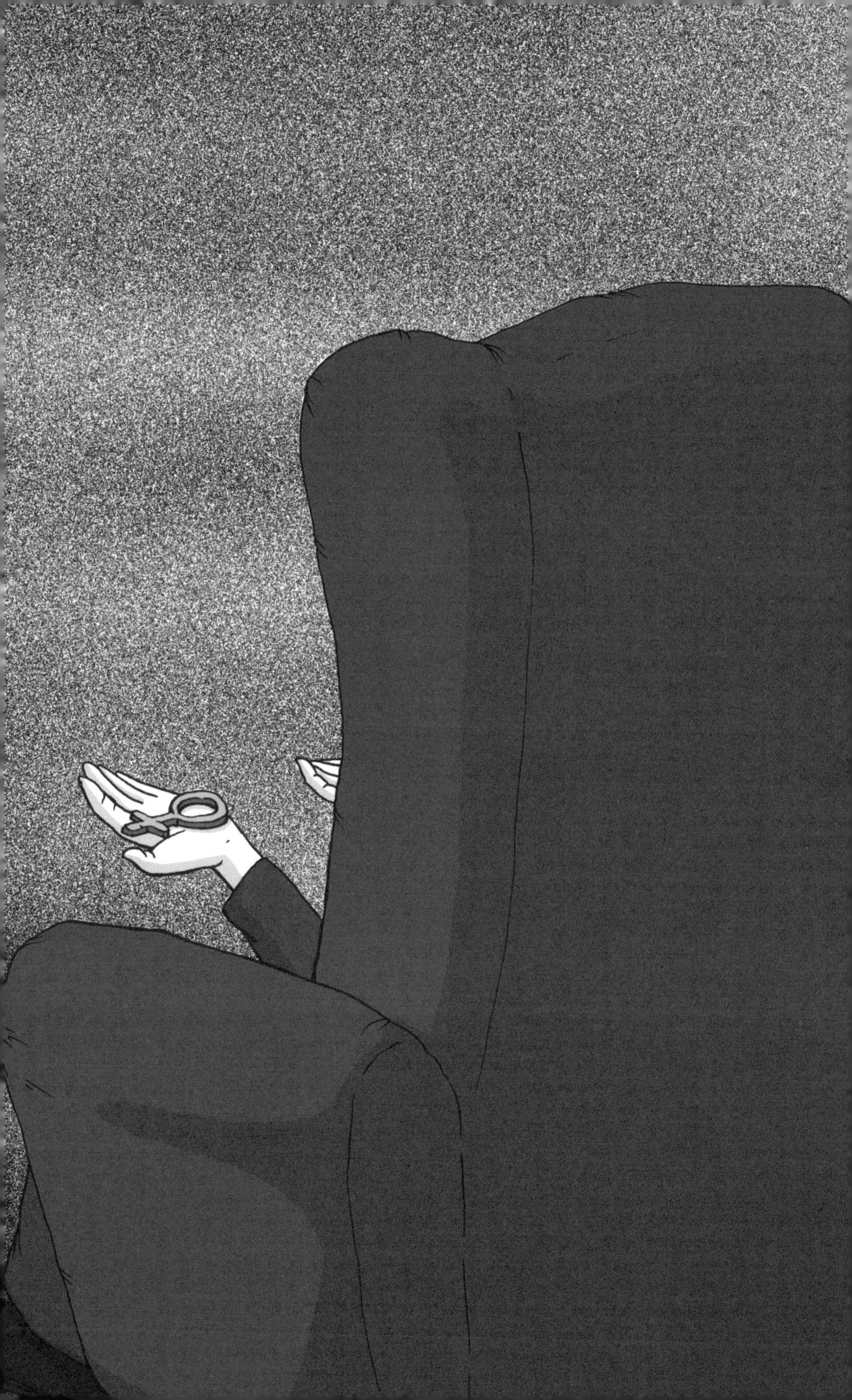

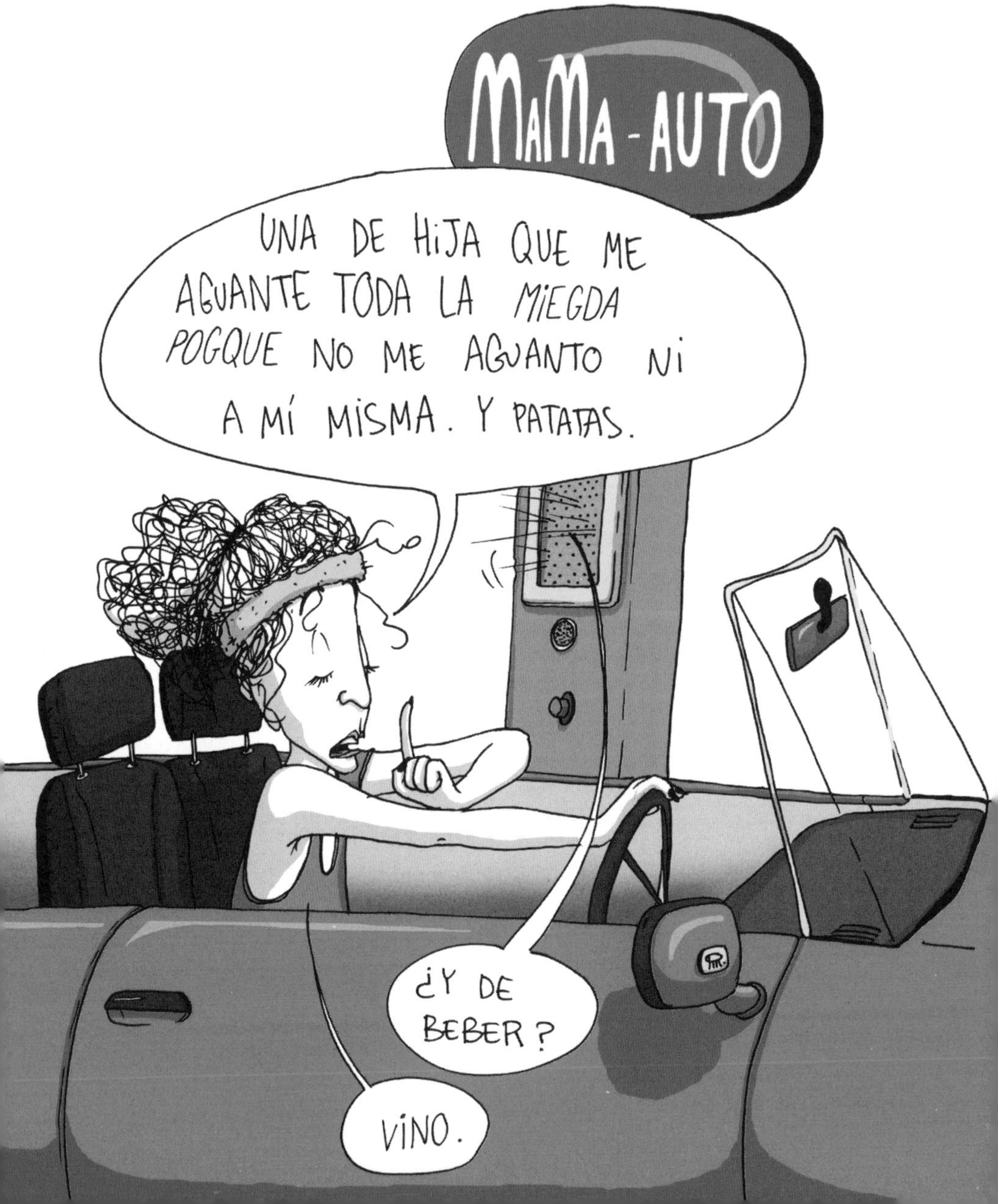
MAMA-AUTO
UNA DE HIJA QUE ME AGUANTE TODA LA MIEGDA POGQUE NO ME AGUANTO NI A MÍ MISMA. Y PATATAS.
¿Y DE BEBER?
VINO.

LA HISTORIA DE
LA MEDIA NARANJA
NOS LA CONTARON MAL...

NO ERAN NARANJAS.

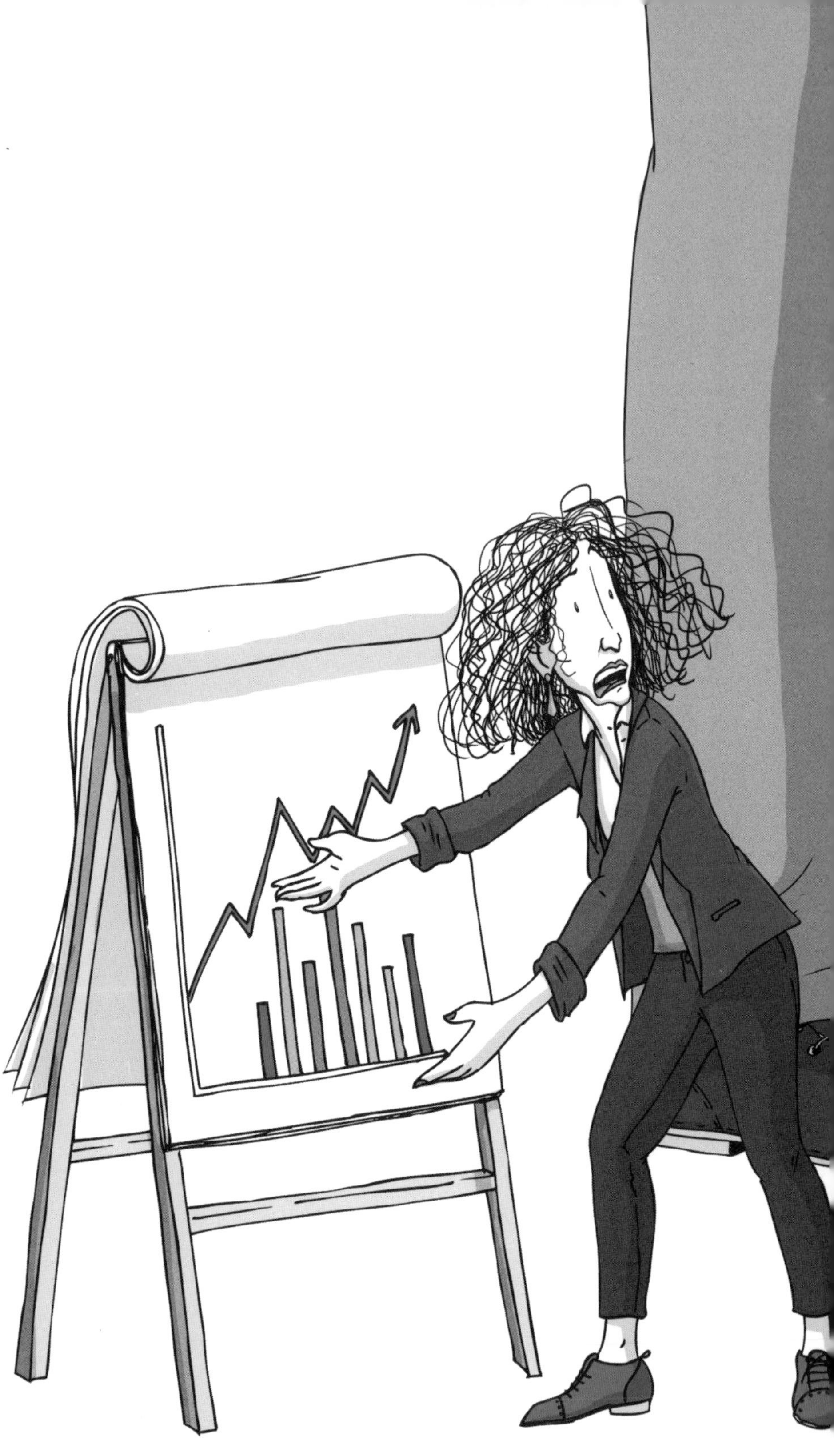

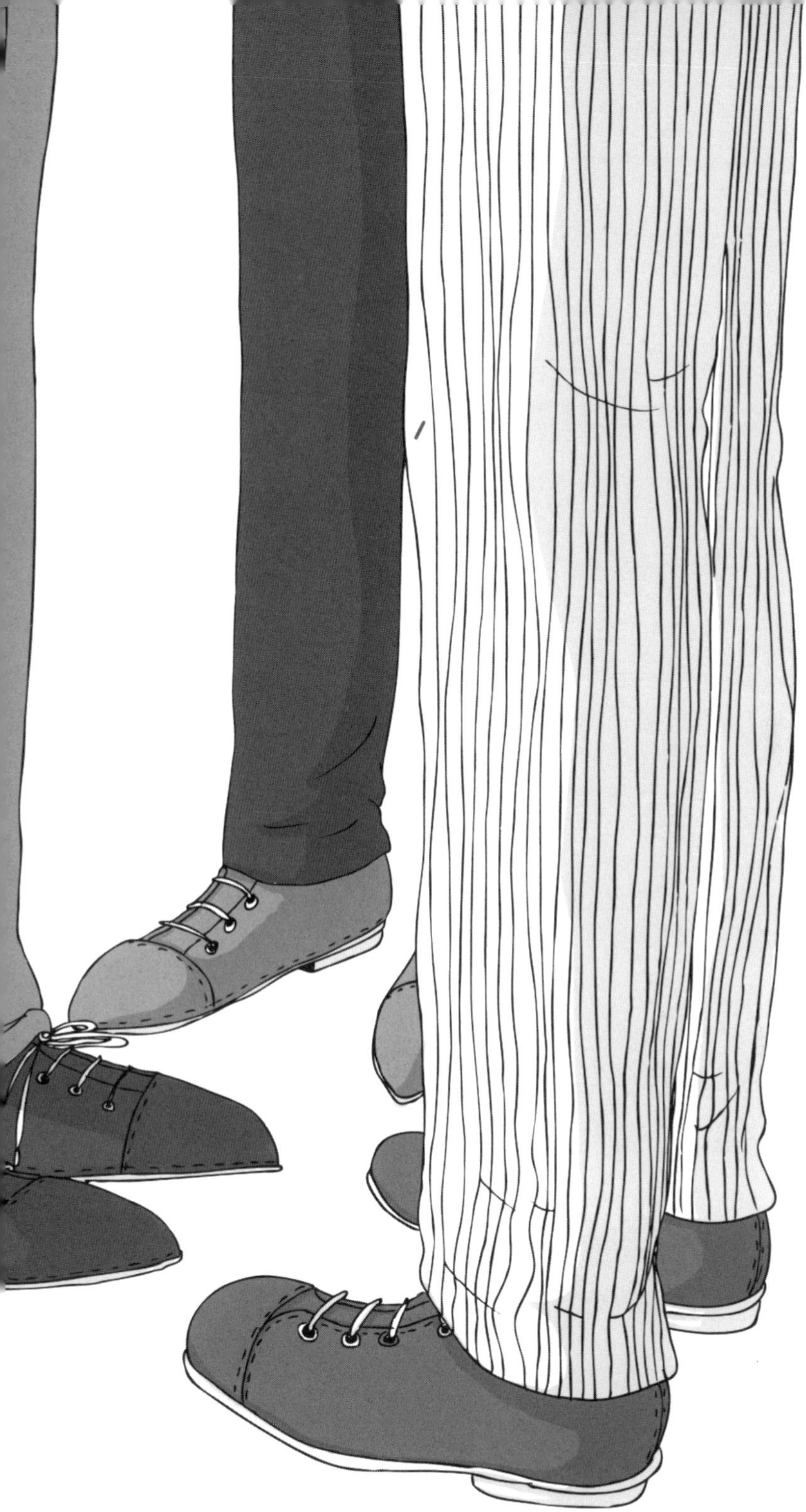

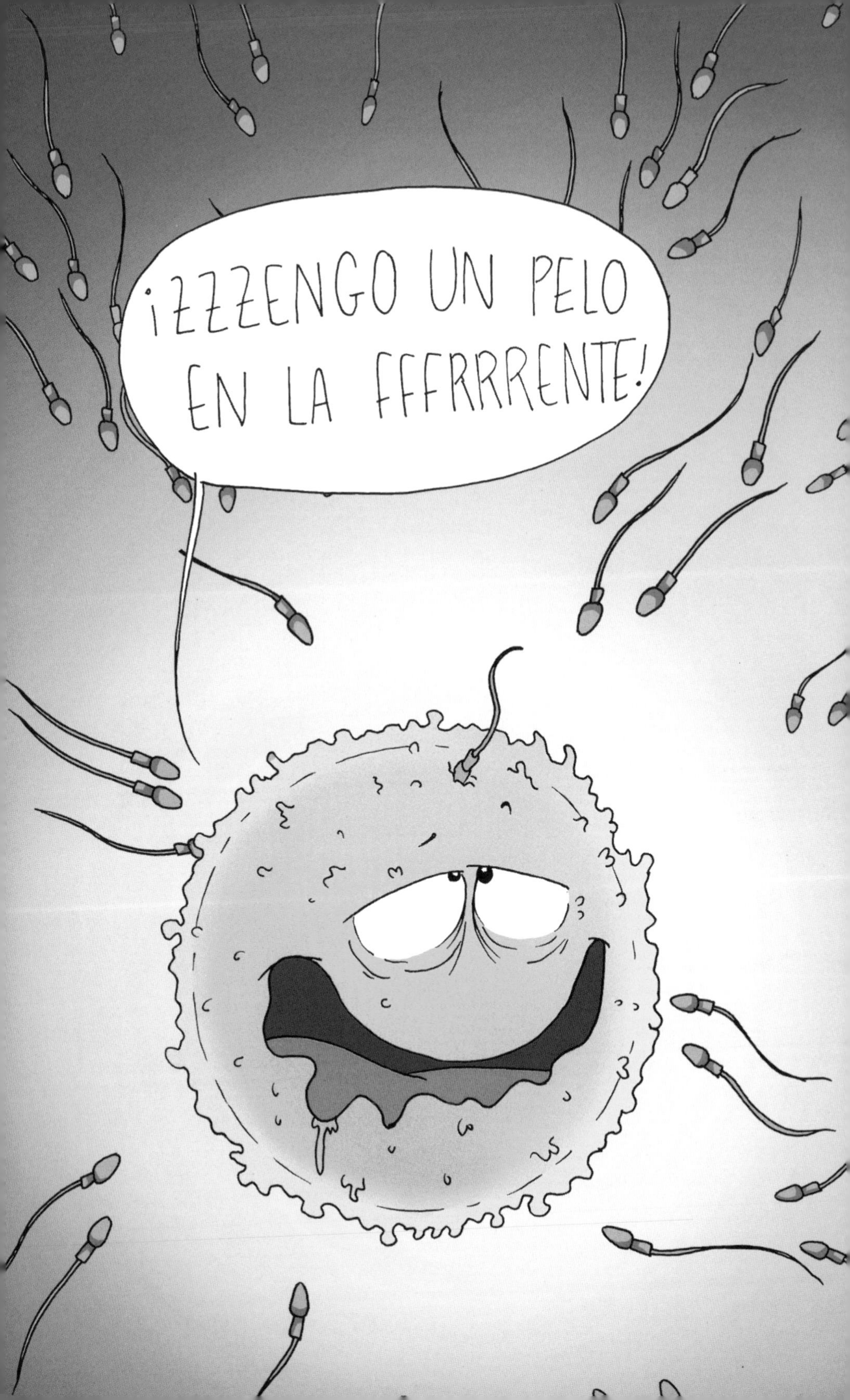
¡ZZZENGO UN PELO EN LA FFFRRRRENTE!

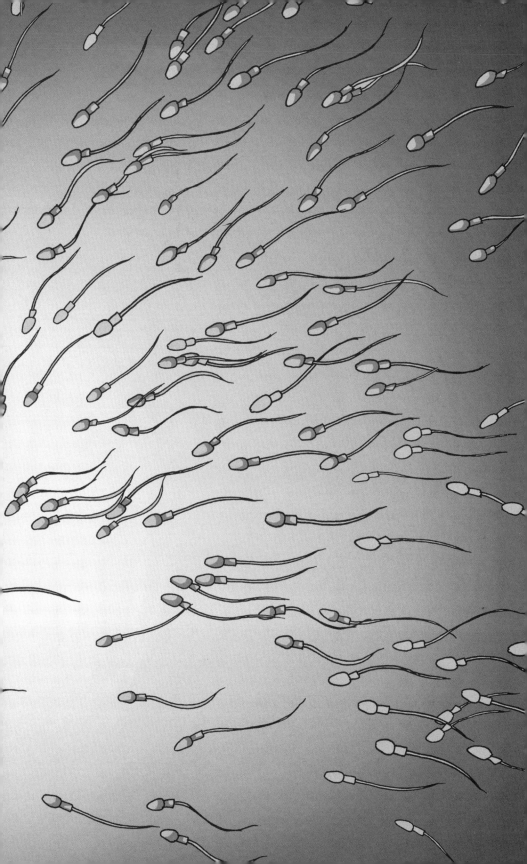

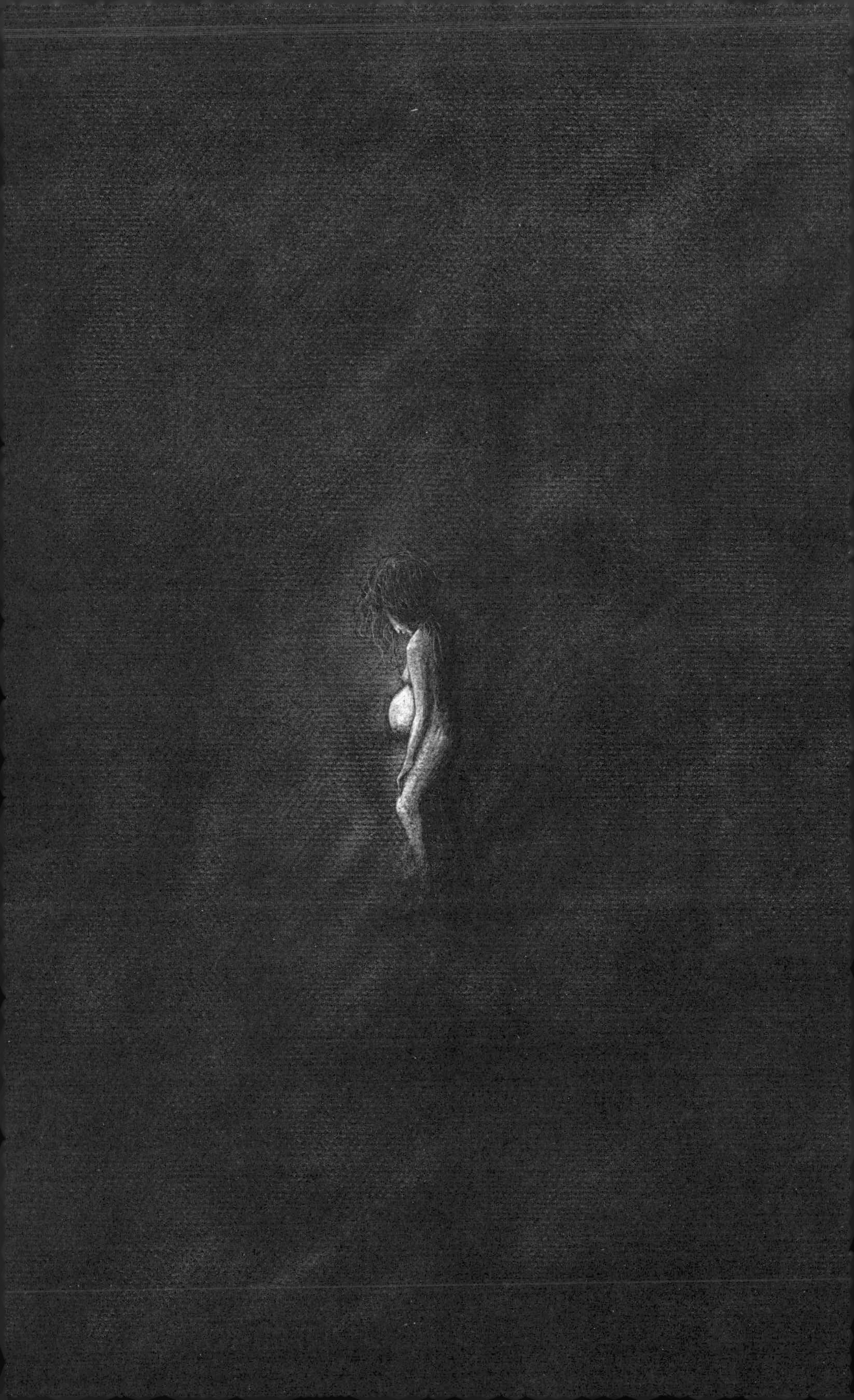

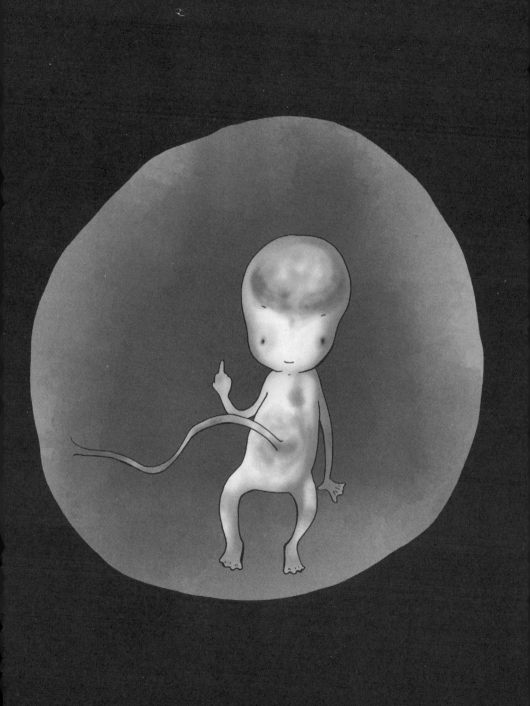

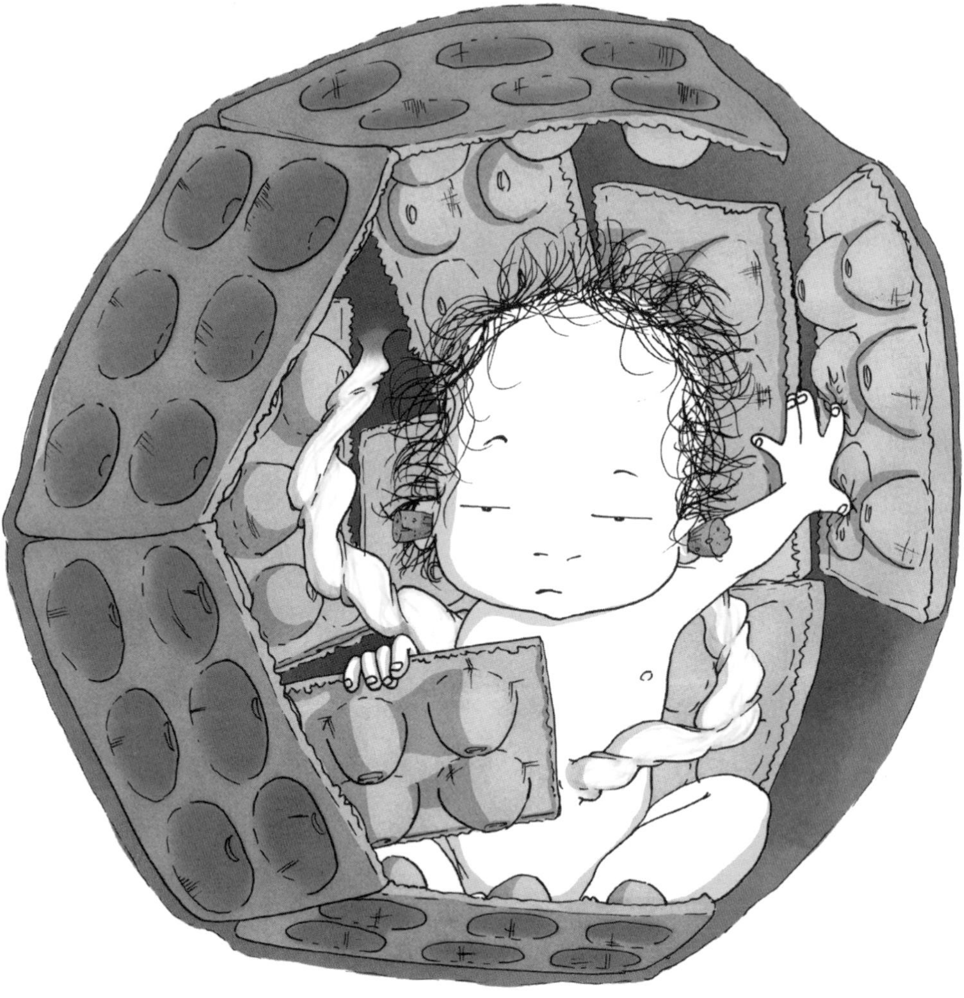

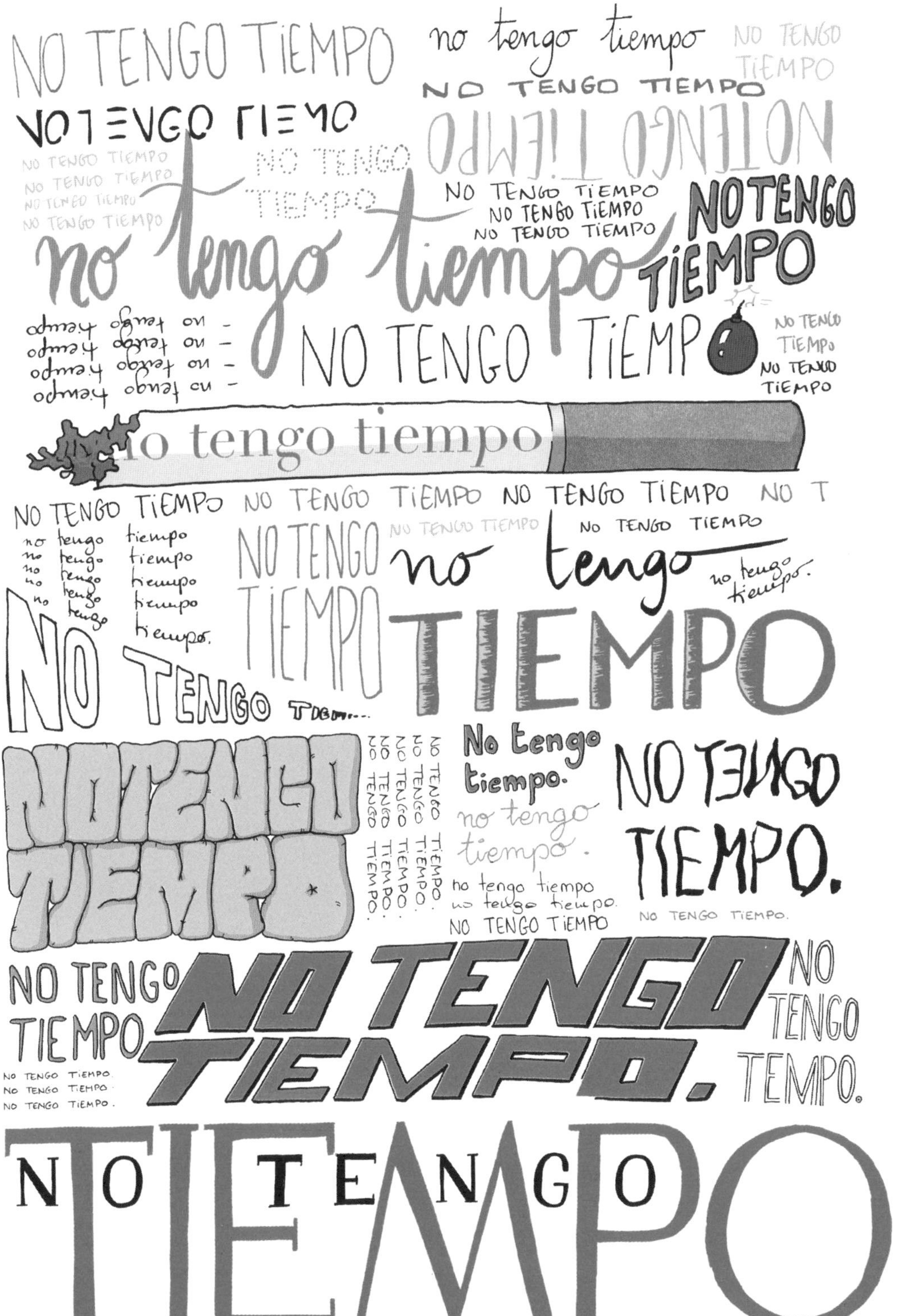
NO TENGO TIEMPO
no tengo tiempo
NO TENGO TIEMPO
NO TENGO TIEMPO
NO TENGO TIEMPO
NO TENGO TIEMPO
NO TENGO TIEMPO
NO TENGO TIEMPO
NO TENGO TIEMPO
NO TENGO TIEMPO
NO TENGO TIEMPO
no tengo tiempo
NO TENGO TIEMPO
NO TENGO TIEMPO
NO TENGO TIEMPO
NOTENGO TIEMPO
no tengo tiempo
no tengo tiempo
no tengo tiempo
no tengo tiempo
NO TENGO TIEMPO
NO TENGO TIEMPO
NO TENGO TIEMPO
no tengo tiempo
NO TENGO TIEMPO NO TENGO TIEMPO NO TENGO TIEMPO NO T
NO TENGO TIEMPO
NO TENGO TIEMPO
no tengo tiempo
no tengo tiempo
no tengo tiempo
no tengo tiempo
no tengo tiempo.
NO TENGO TIEMPO
no tengo
no tengo tiempo.
NO TENGO TIEM...
TIEMPO
NOTENGO TIEMPO
NO TENGO TIEMPO.
NO TENGO TIEMPO.
NO TENGO TIEMPO.
No tengo tiempo.
no tengo tiempo.
no tengo tiempo
no tengo tiempo.
NO TENGO TIEMPO
NO TENGO TIEMPO.
NO TENGO TIEMPO.
NO TENGO TIEMPO
NO TENGO TIEMPO.
NO TENGO TEMPO.
NO TENGO TIEMPO.
NO TENGO TIEMPO.
NO TENGO TIEMPO.
NO TENGO TIEMPO

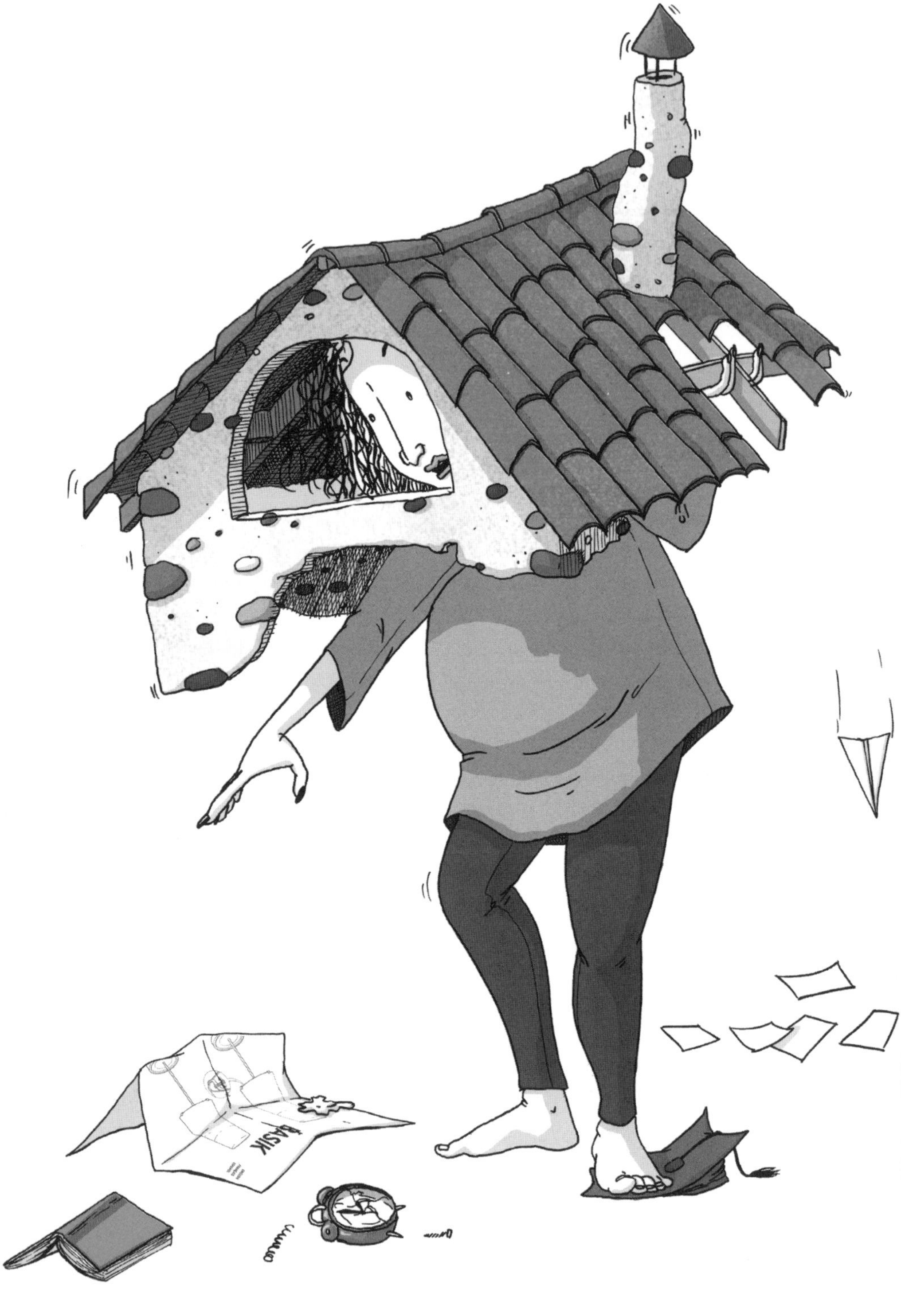

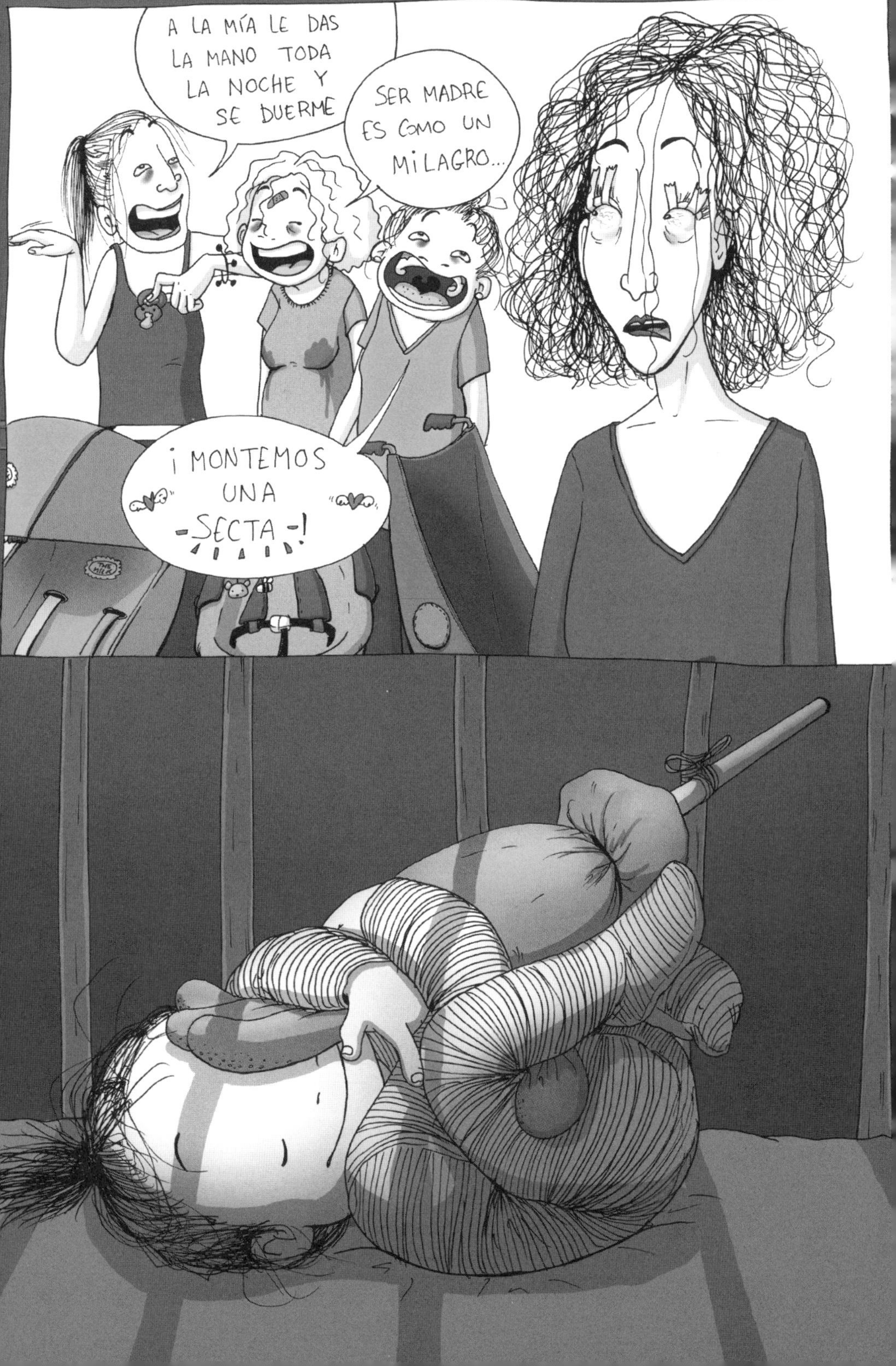
A LA MÍA LE DAS LA MANO TODA LA NOCHE Y SE DUERME
SER MADRE ES COMO UN MILAGRO...
¡MONTEMOS UNA SECTA!

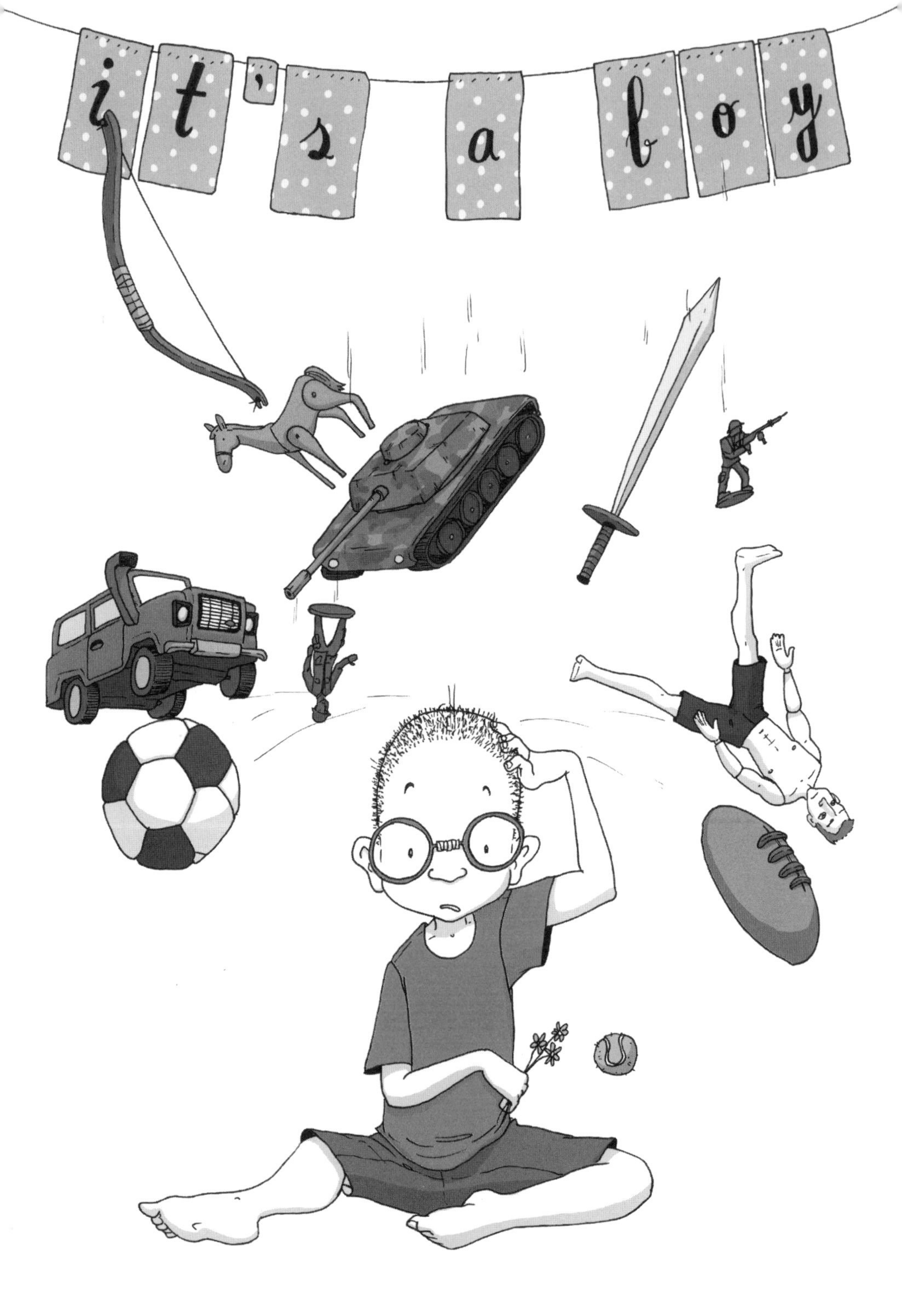
it's a boy

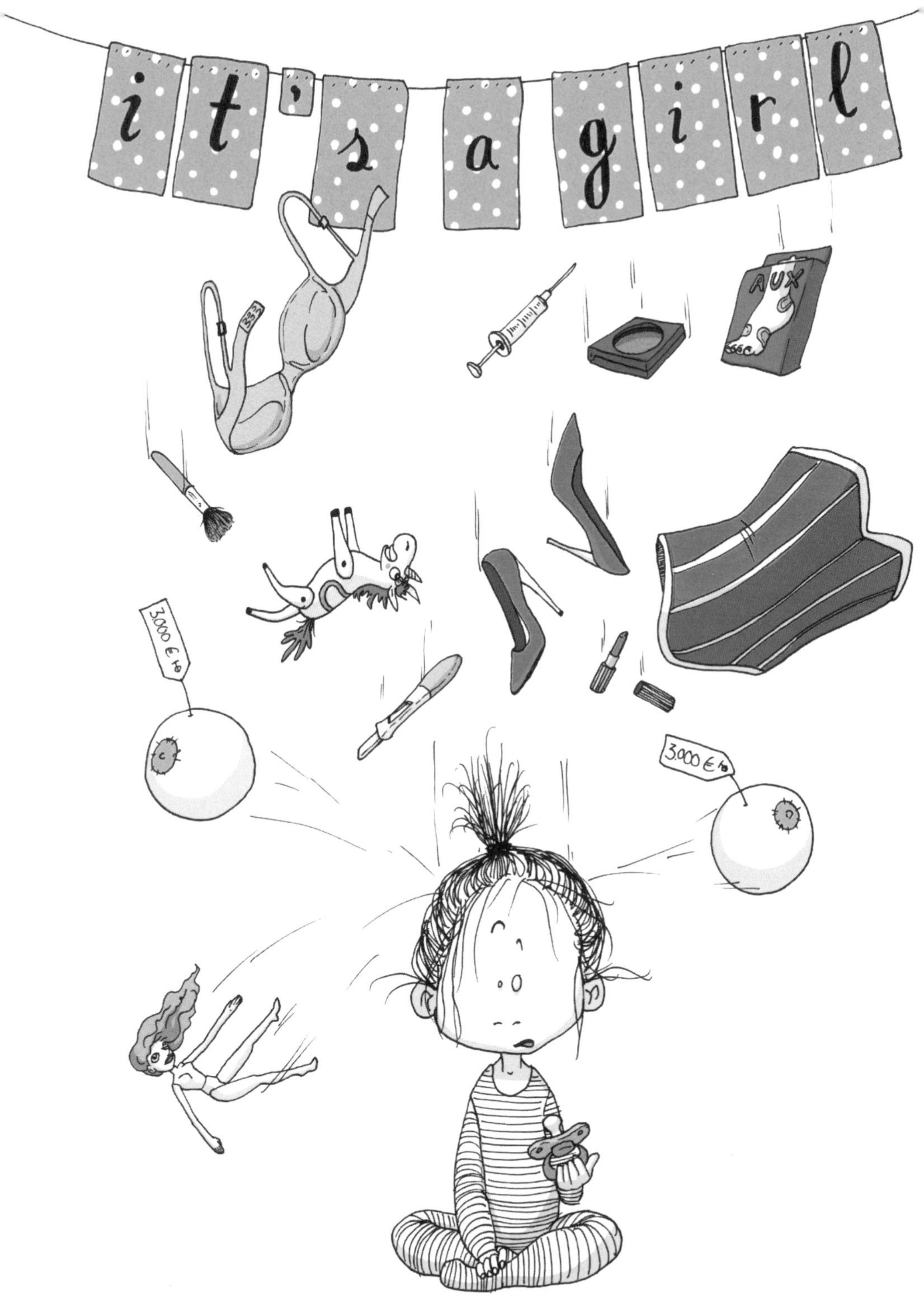
it's a girl
AUX
3.000 €
3.000 €

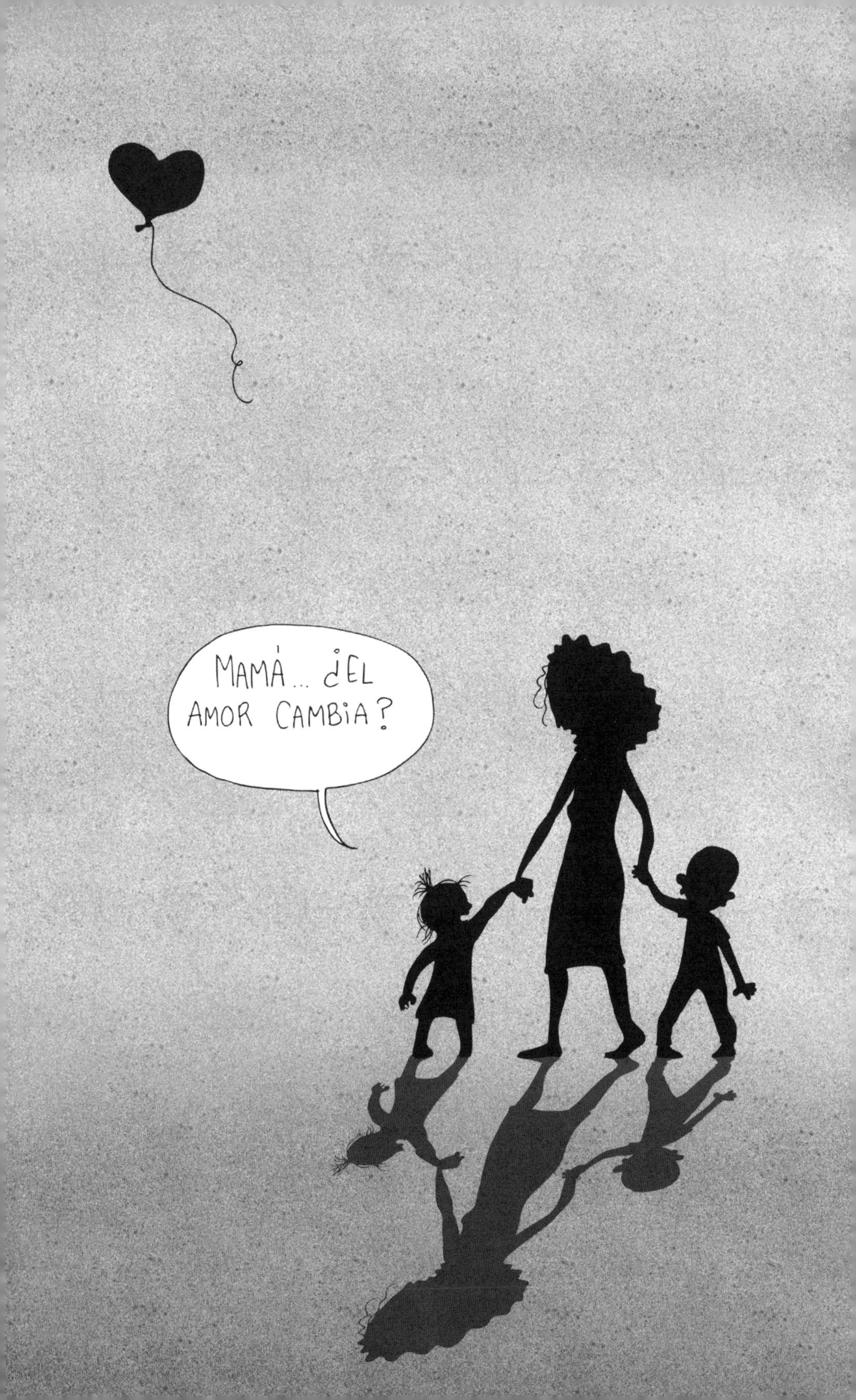
MAMÁ... ¿EL AMOR CAMBIA?

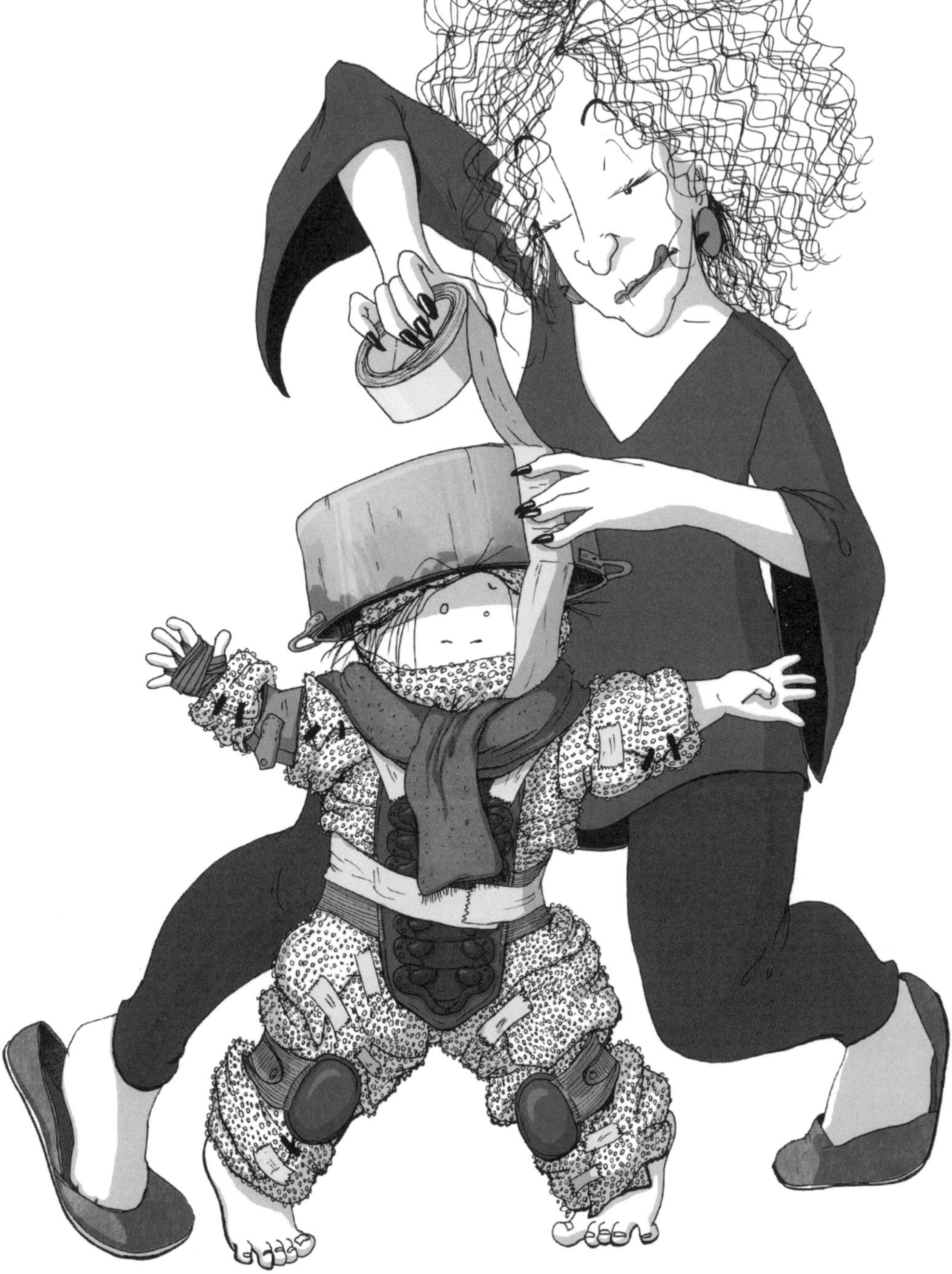

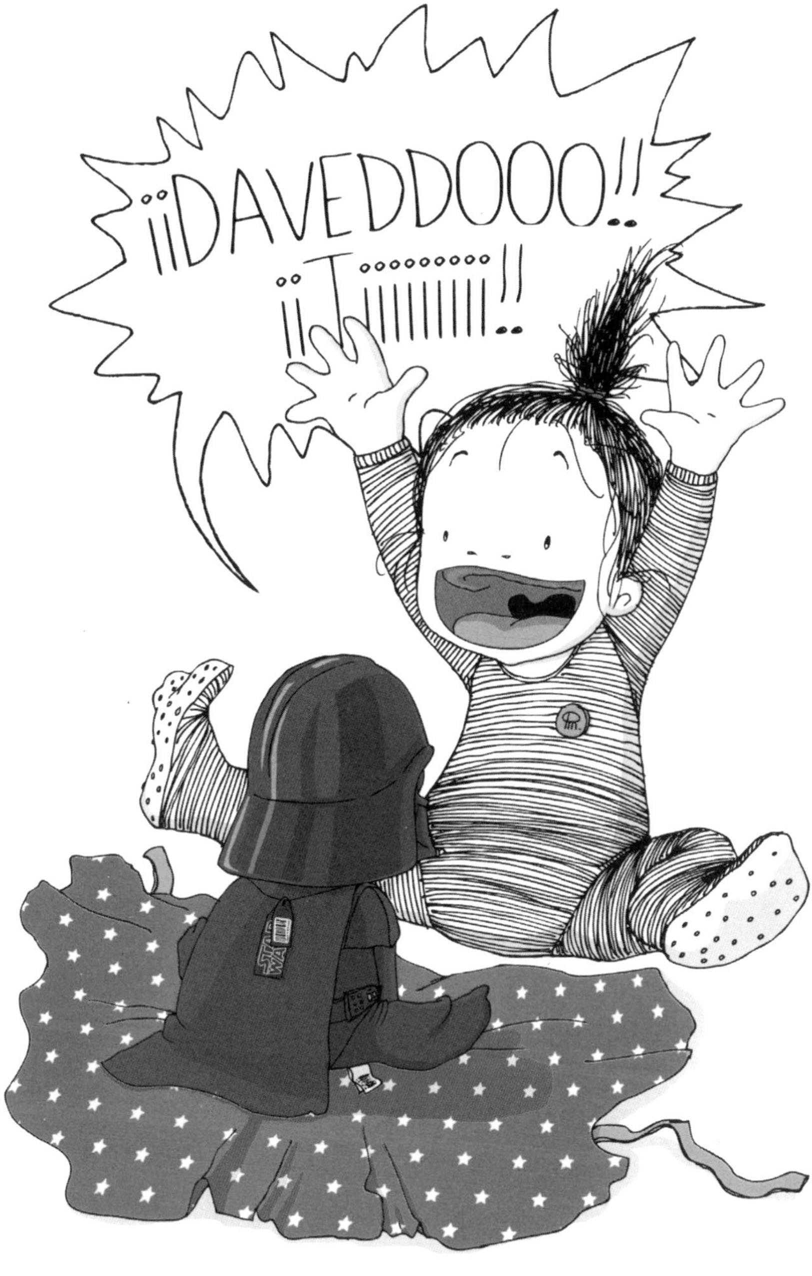
¡¡DAVEDDOOO!!
¡¡Tiiiiiiiii!!

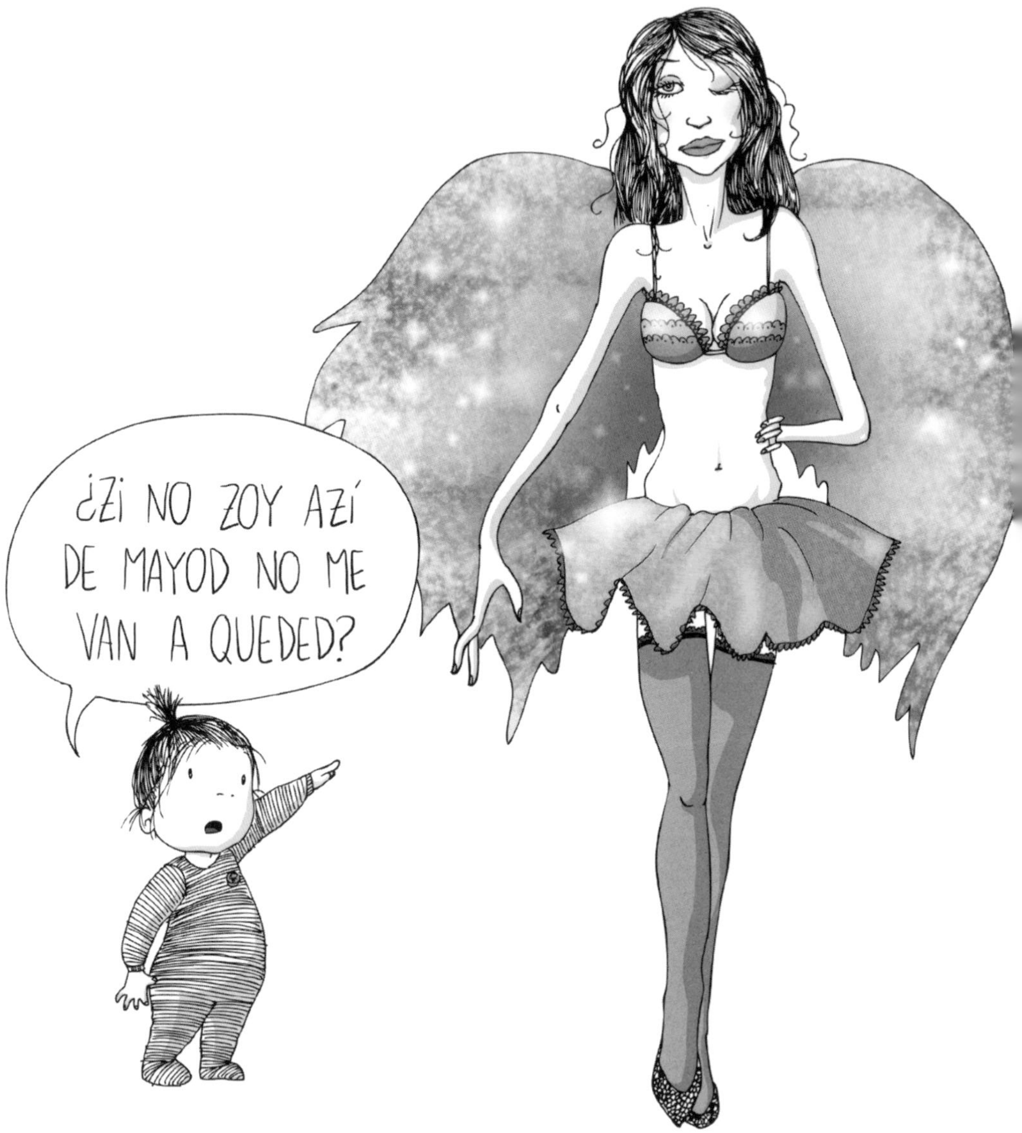
¿ZI NO ZOY AZÍ DE MAYOD NO ME VAN A QUEDED?

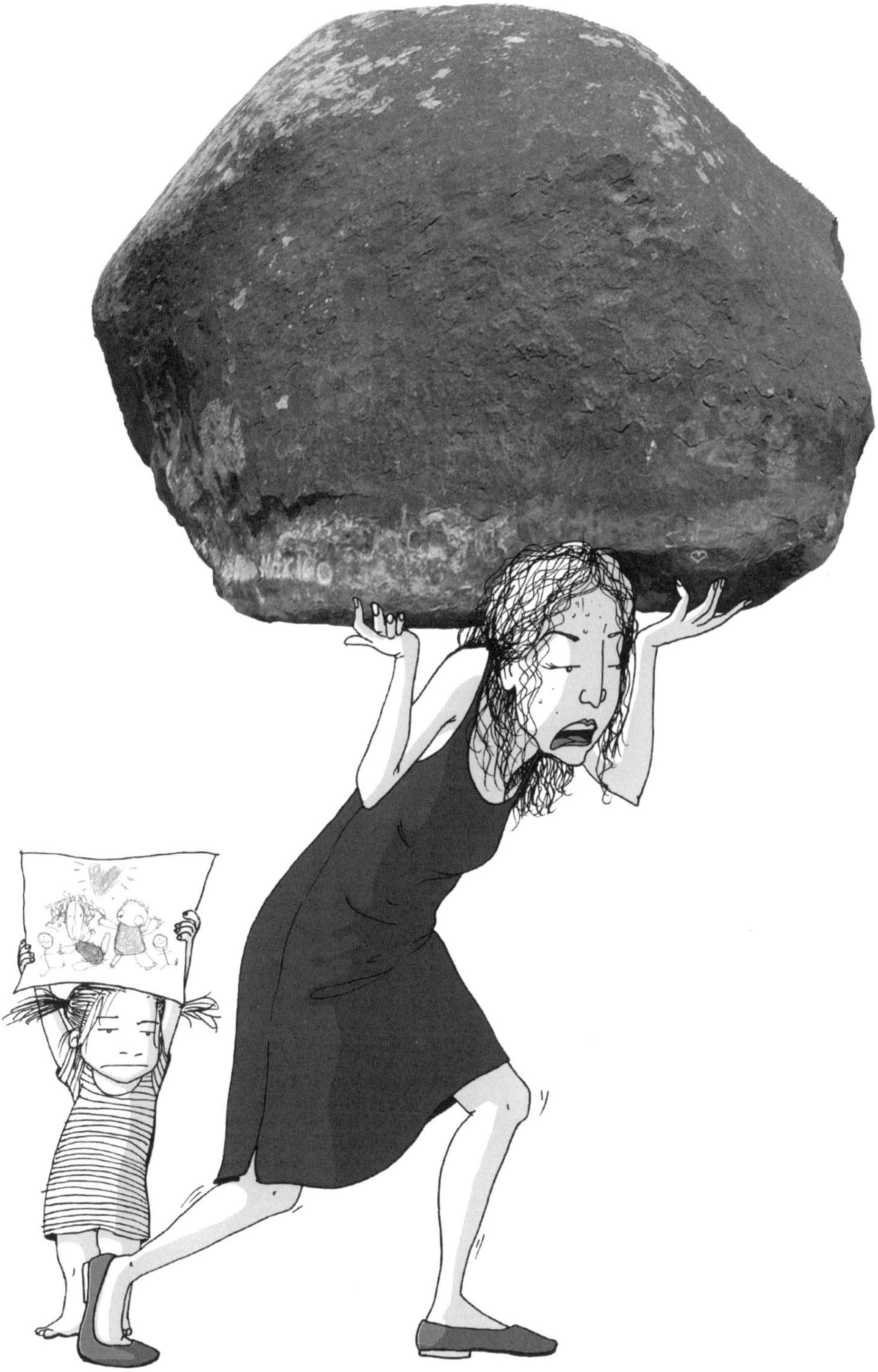

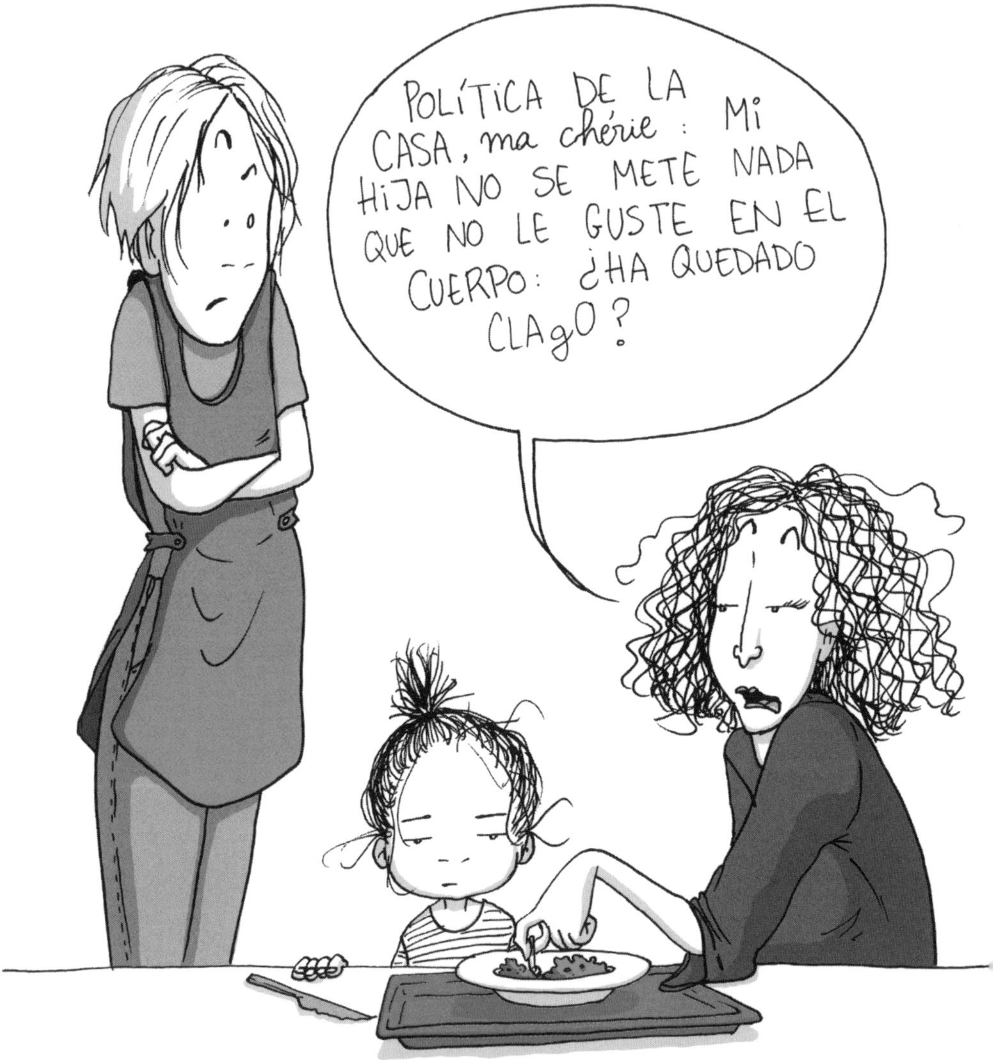
POLÍTICA DE LA CASA, ma chérie: MI HIJA NO SE METE NADA QUE NO LE GUSTE EN EL CUERPO: ¿HA QUEDADO CLAgO?

LOS NIÑOS SABEN QUE TIENEN DOS AGUJEROS.

¿POR QUÉ A NOSOTRAS NO NOS CUENTAN QUE TENEMOS TRES?

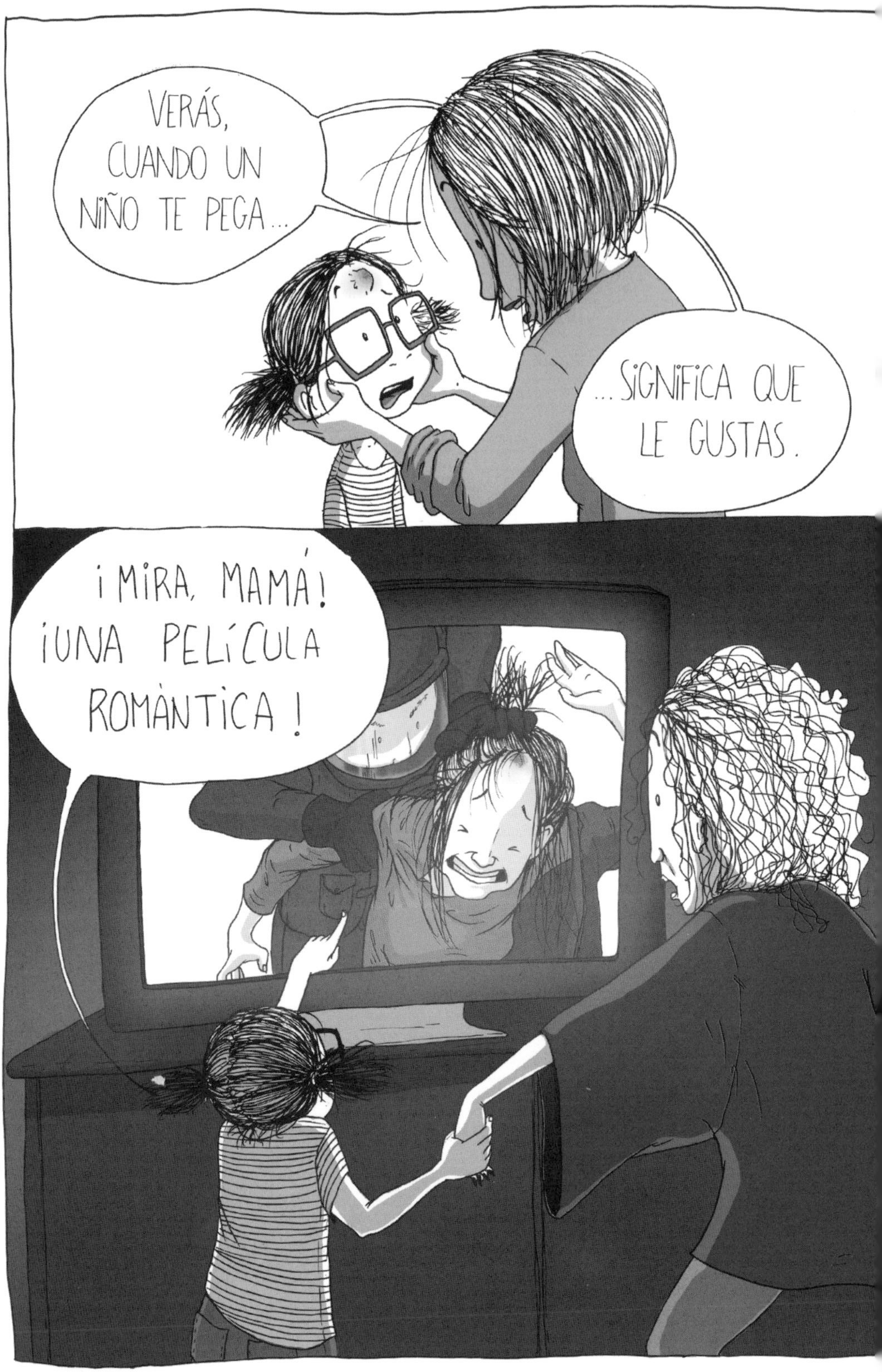
VERÁS, CUANDO UN NIÑO TE PEGA...
...SIGNIFICA QUE LE GUSTAS.
¡MIRA, MAMÁ! ¡UNA PELÍCULA ROMÁNTICA!

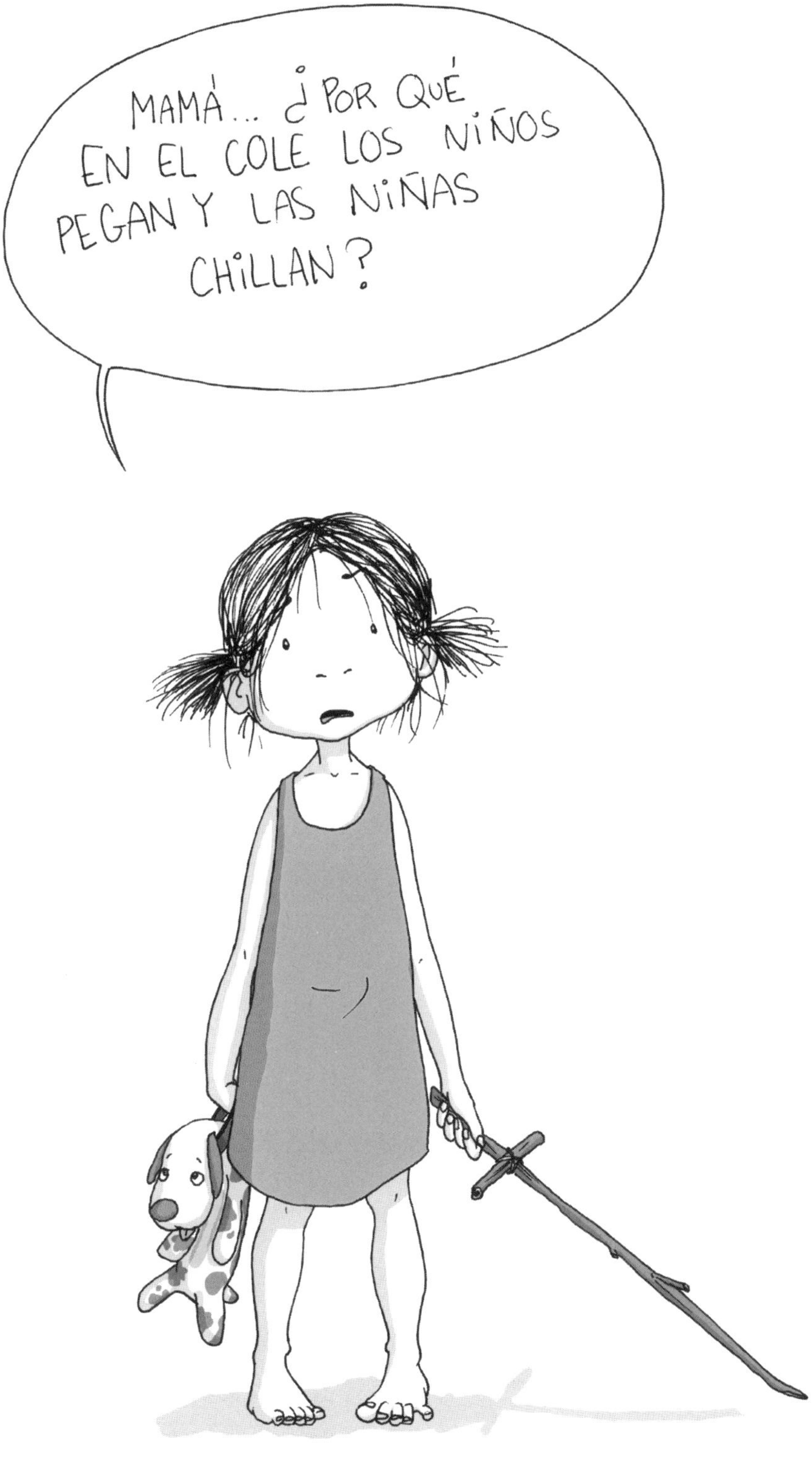
MAMÁ... ¿POR QUÉ EN EL COLE LOS NIÑOS PEGAN Y LAS NIÑAS CHILLAN?

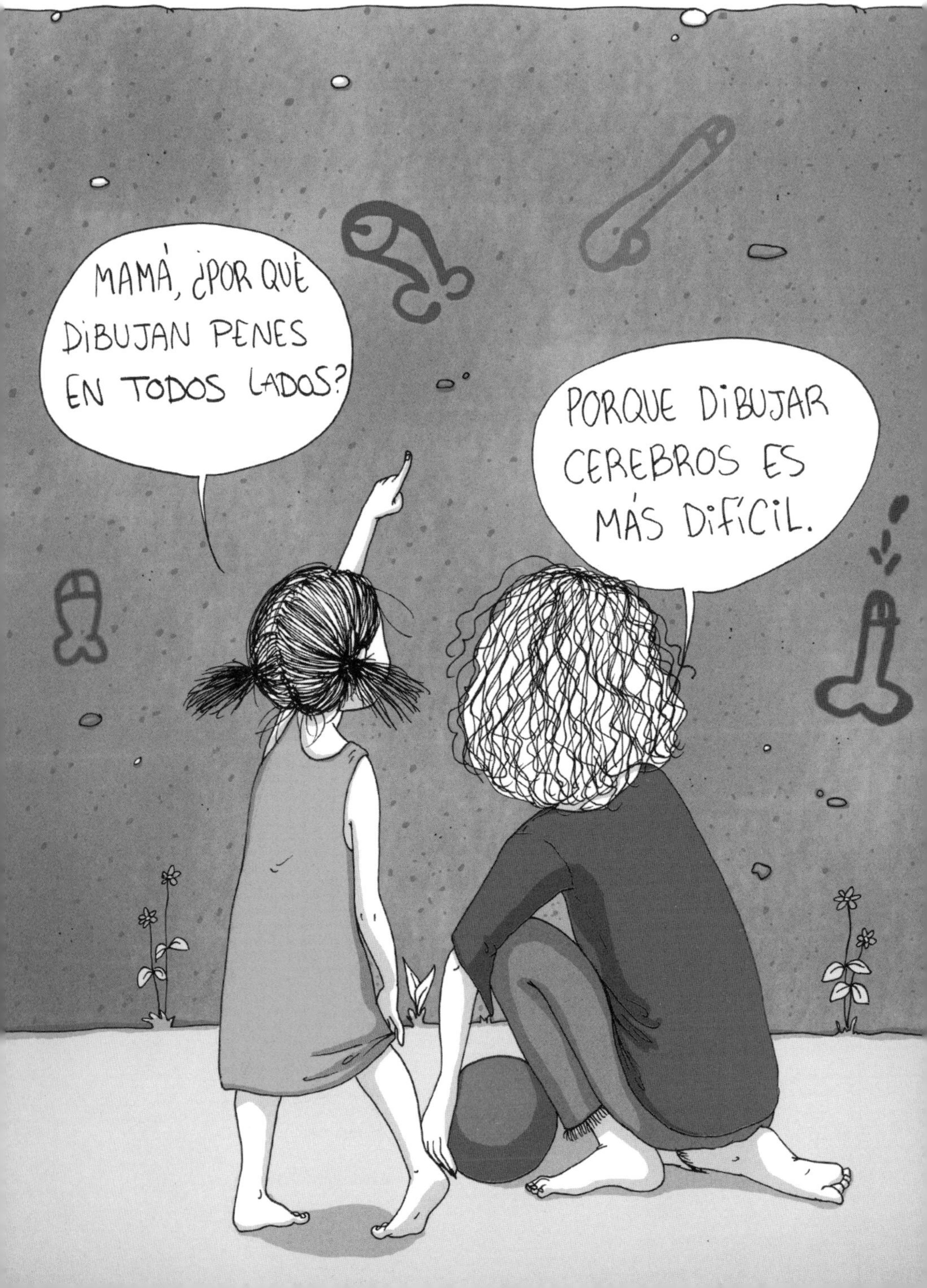
MAMÁ, ¿POR QUÉ DIBUJAN PENES EN TODOS LADOS?
PORQUE DIBUJAR CEREBROS ES MÁS DIFÍCIL.

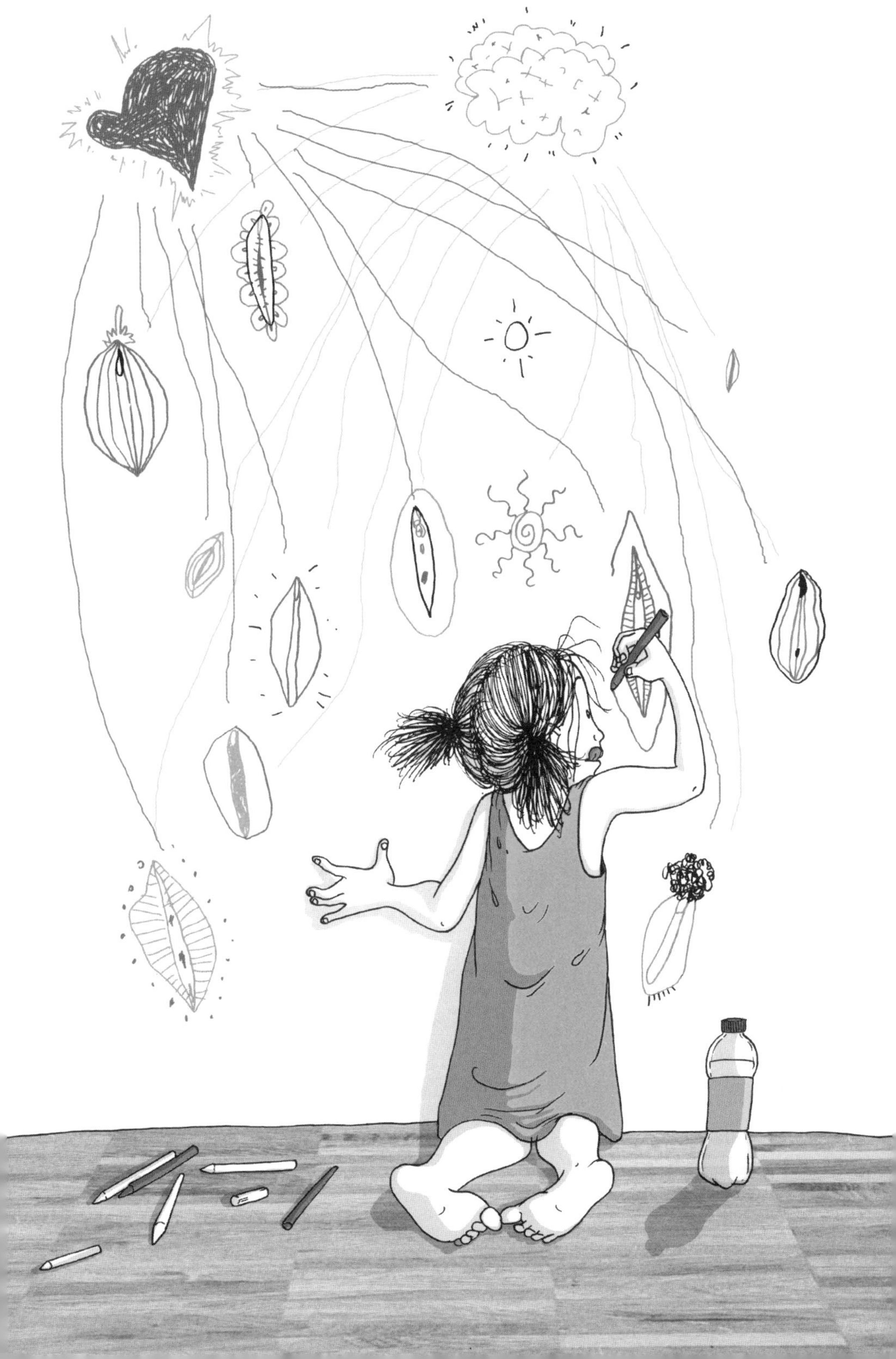

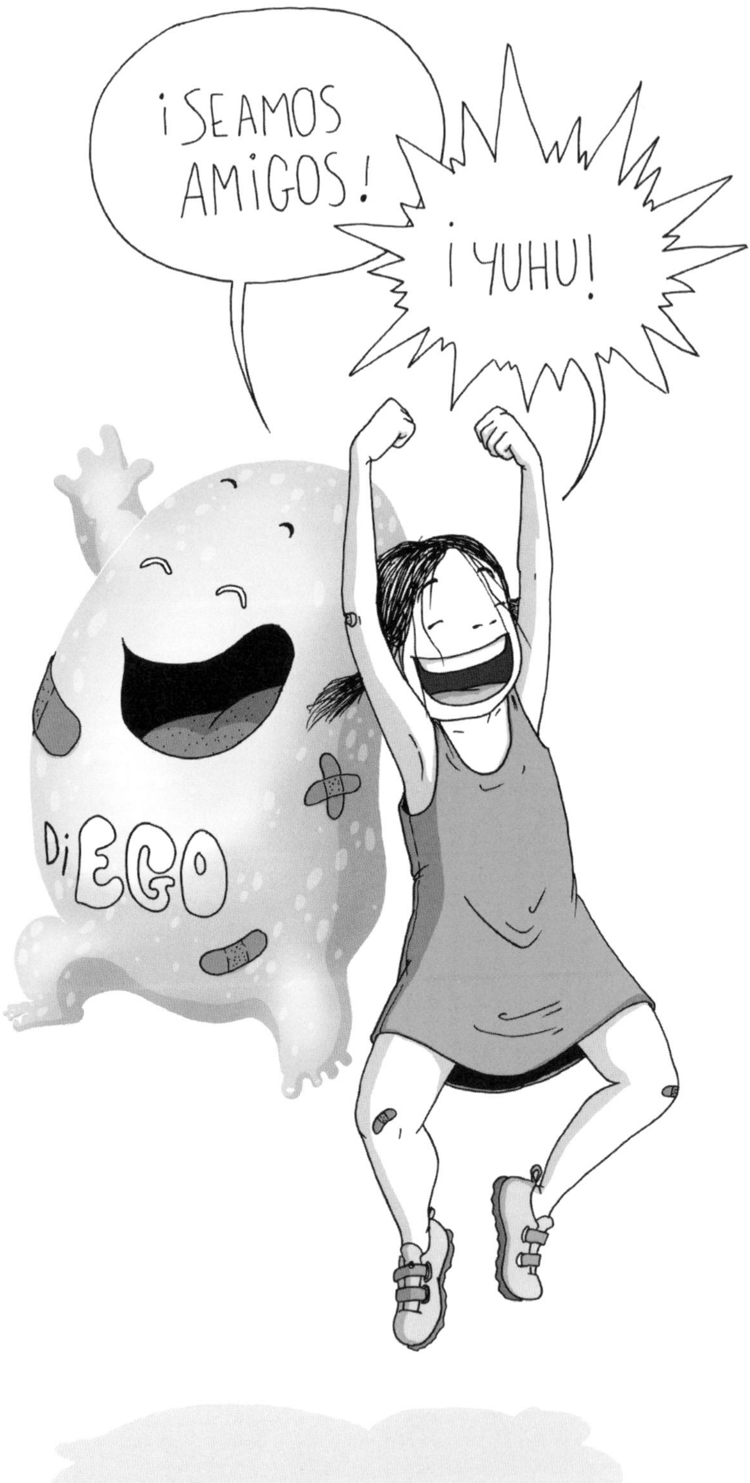
¡SEAMOS AMIGOS!
¡YUHU!
DiEGO

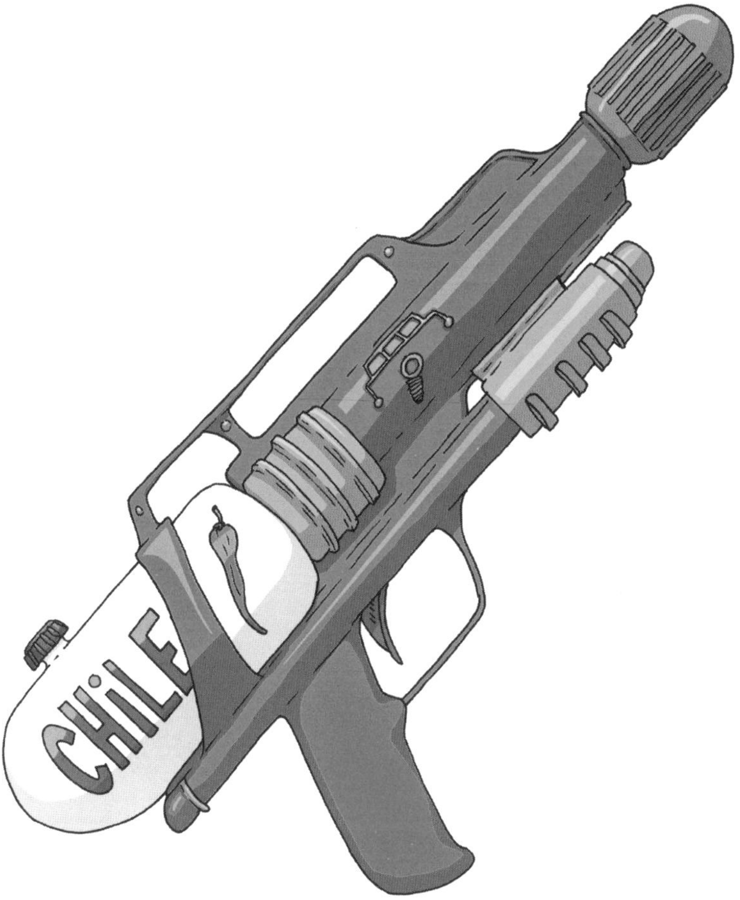
CHiLE

Dibuja una familia feliz

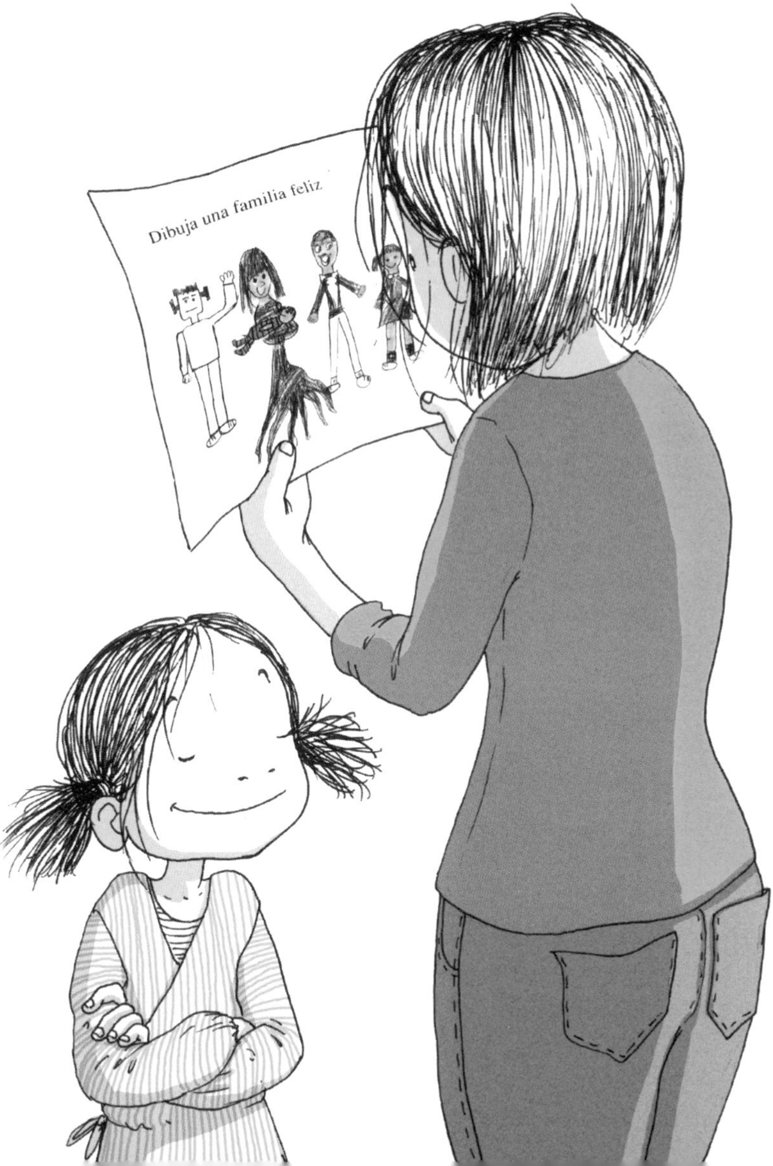
Dibuja una familia feliz

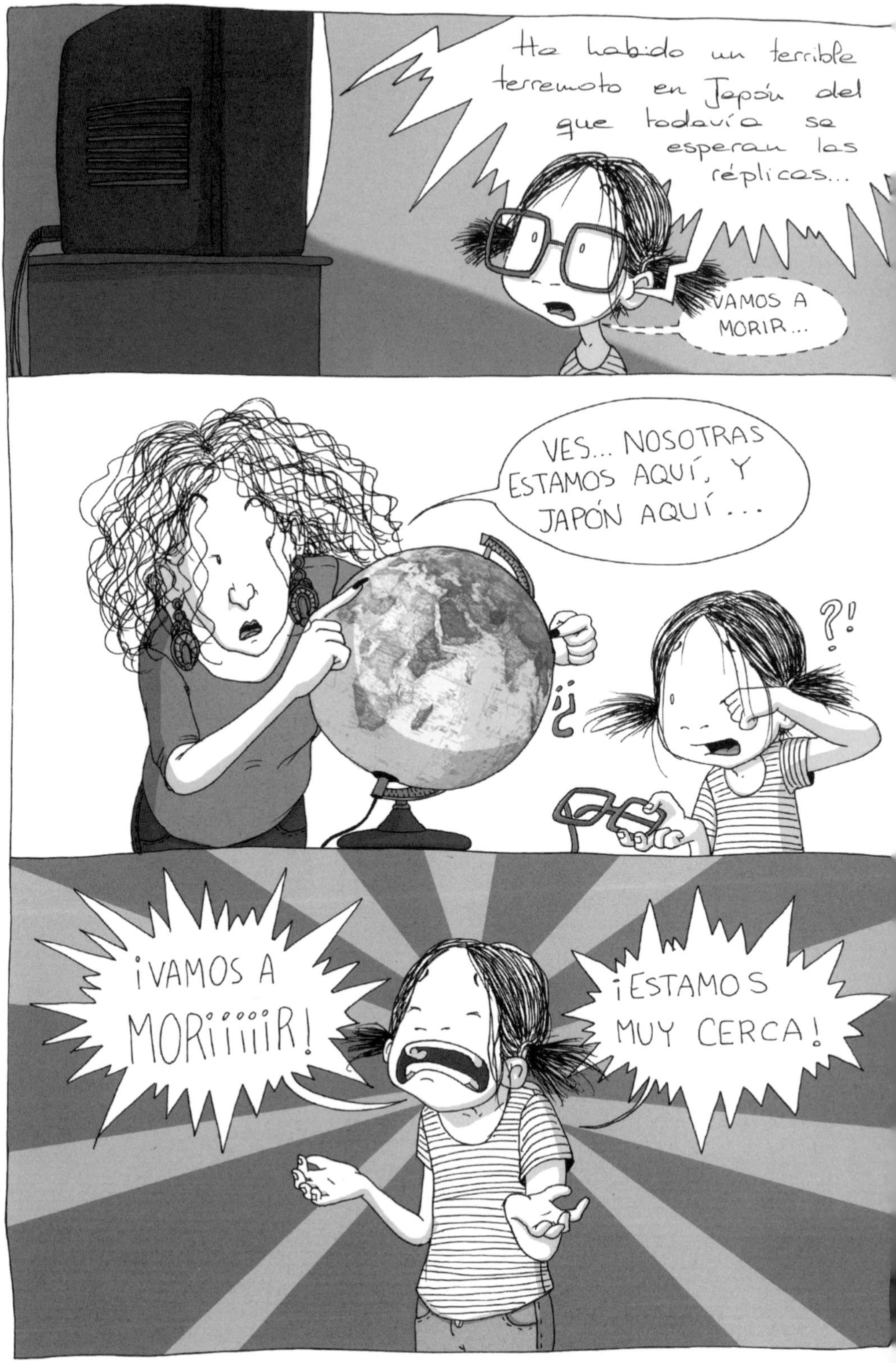
Ha habido un terrible terremoto en Japón del que todavía se esperan las réplicas...
VAMOS A MORIR...
VES... NOSOTRAS ESTAMOS AQUÍ, Y JAPÓN AQUÍ...
?!
¡VAMOS A MORiiiiiR!
¡ESTAMOS MUY CERCA!

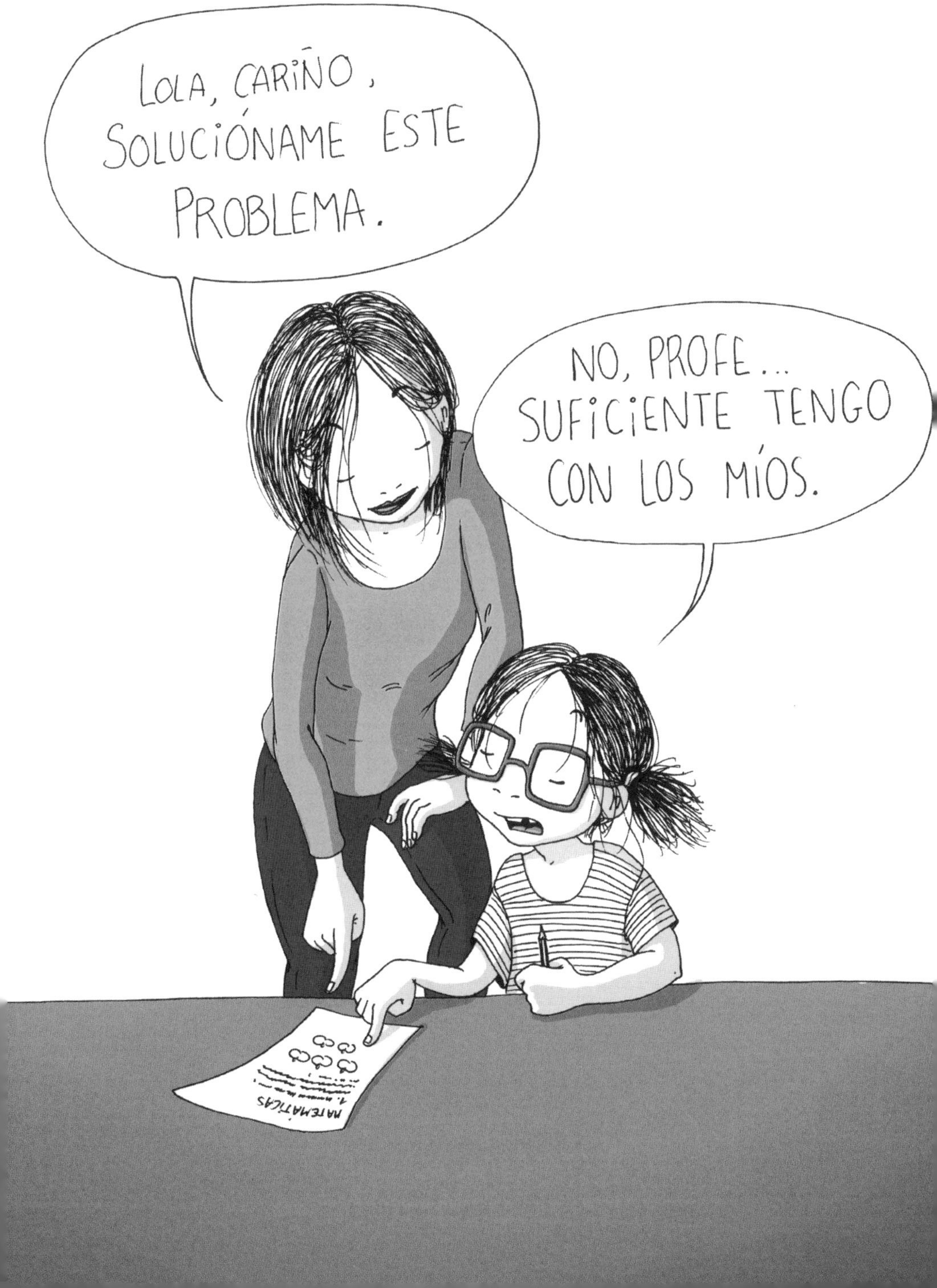
LOLA, CARIÑO, SOLUCIÓNAME ESTE PROBLEMA.
NO, PROFE... SUFICIENTE TENGO CON LOS MÍOS.

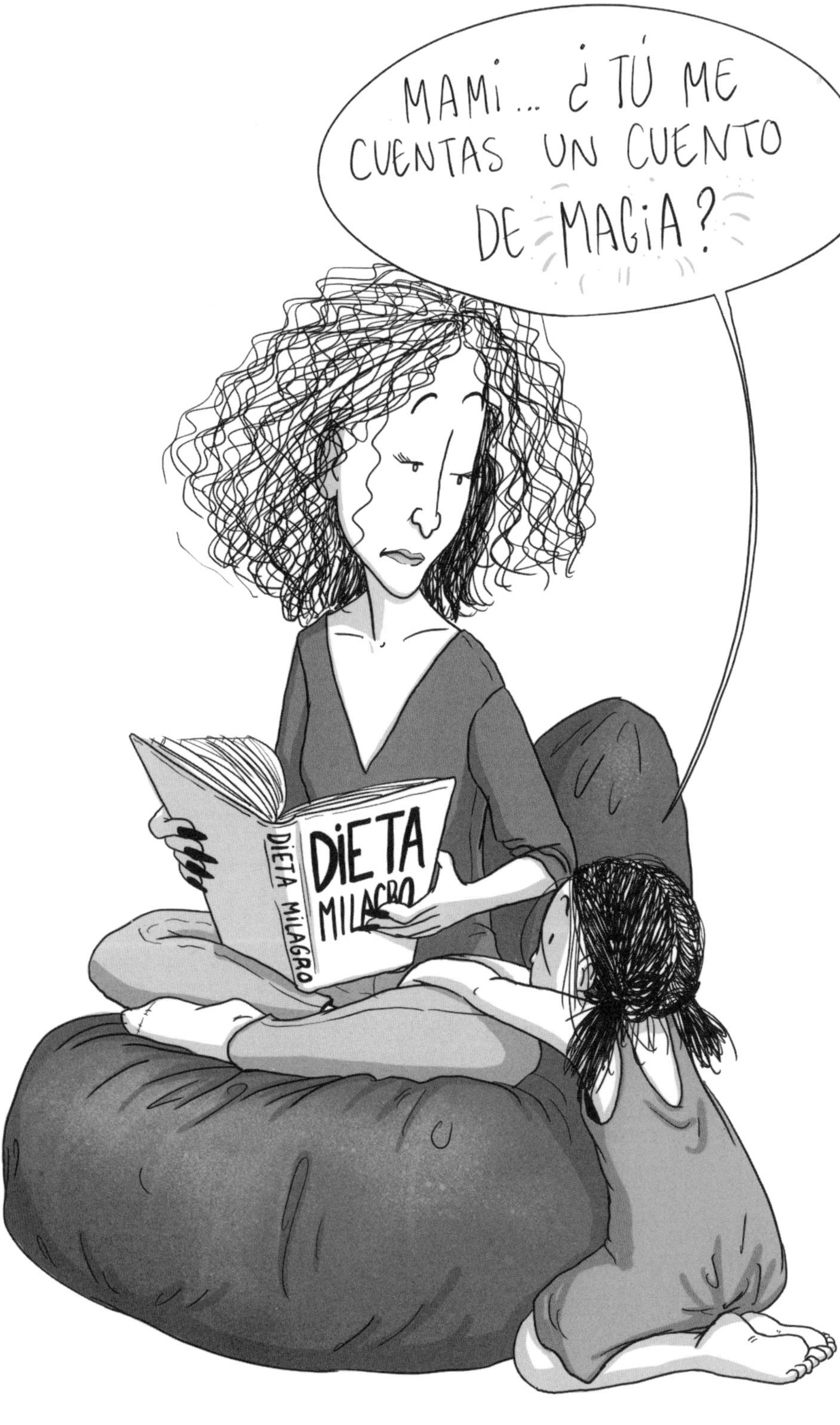
MAMi... ¿TÚ ME CUENTAS UN CUENTO DE MAGiA?
DiETA MILAGRO
DIETA MILAGRO

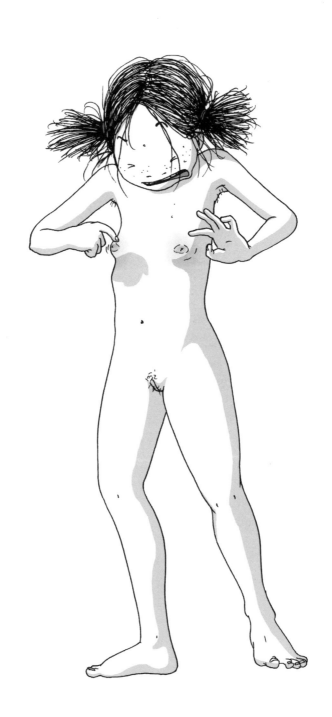

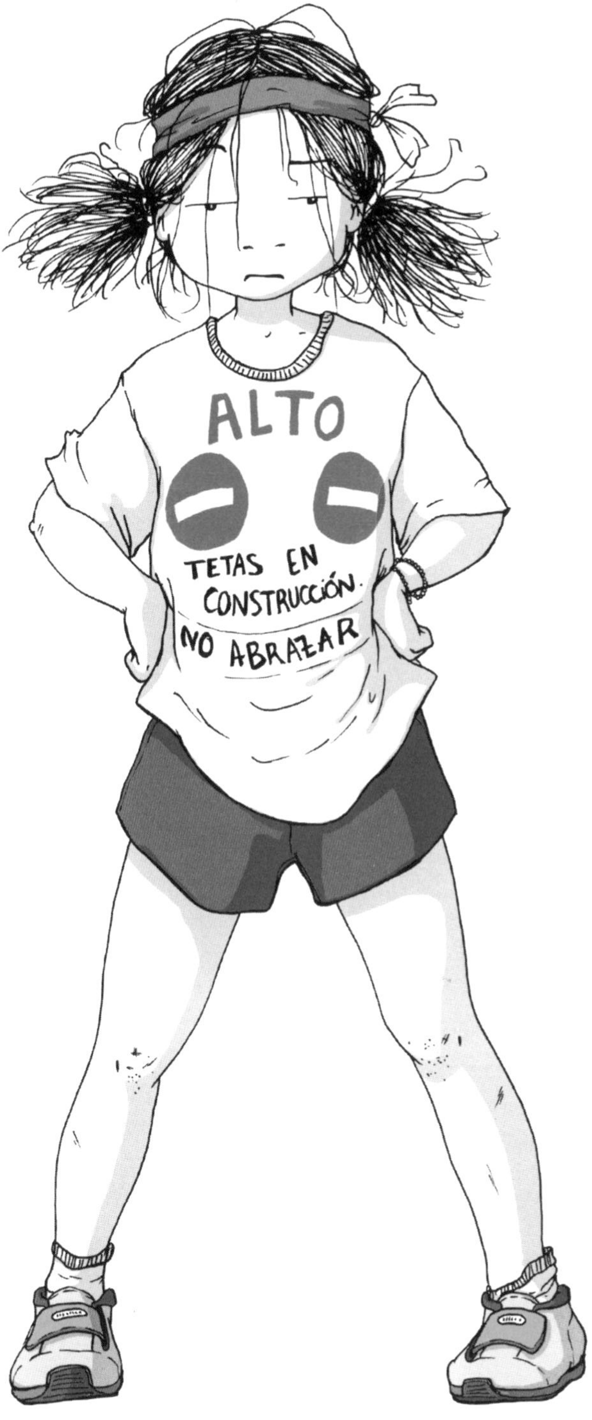
ALTO
TETAS EN CONSTRUCCIÓN.
NO ABRAZAR

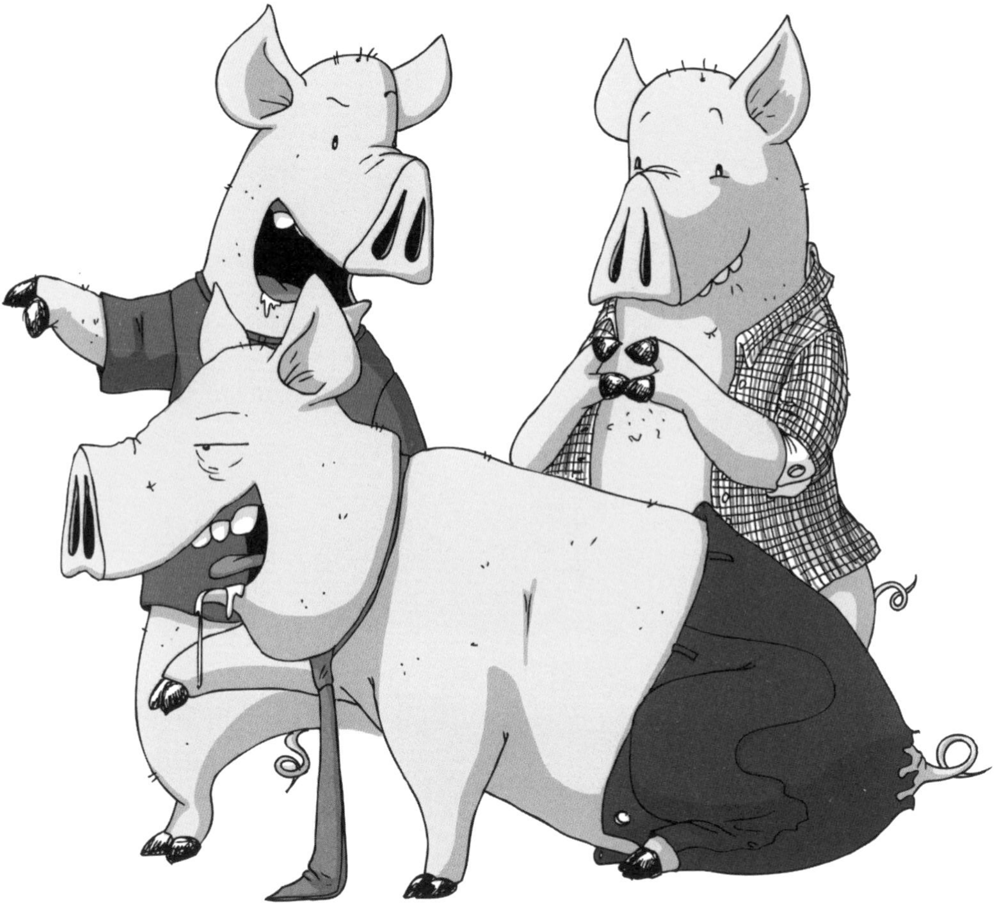

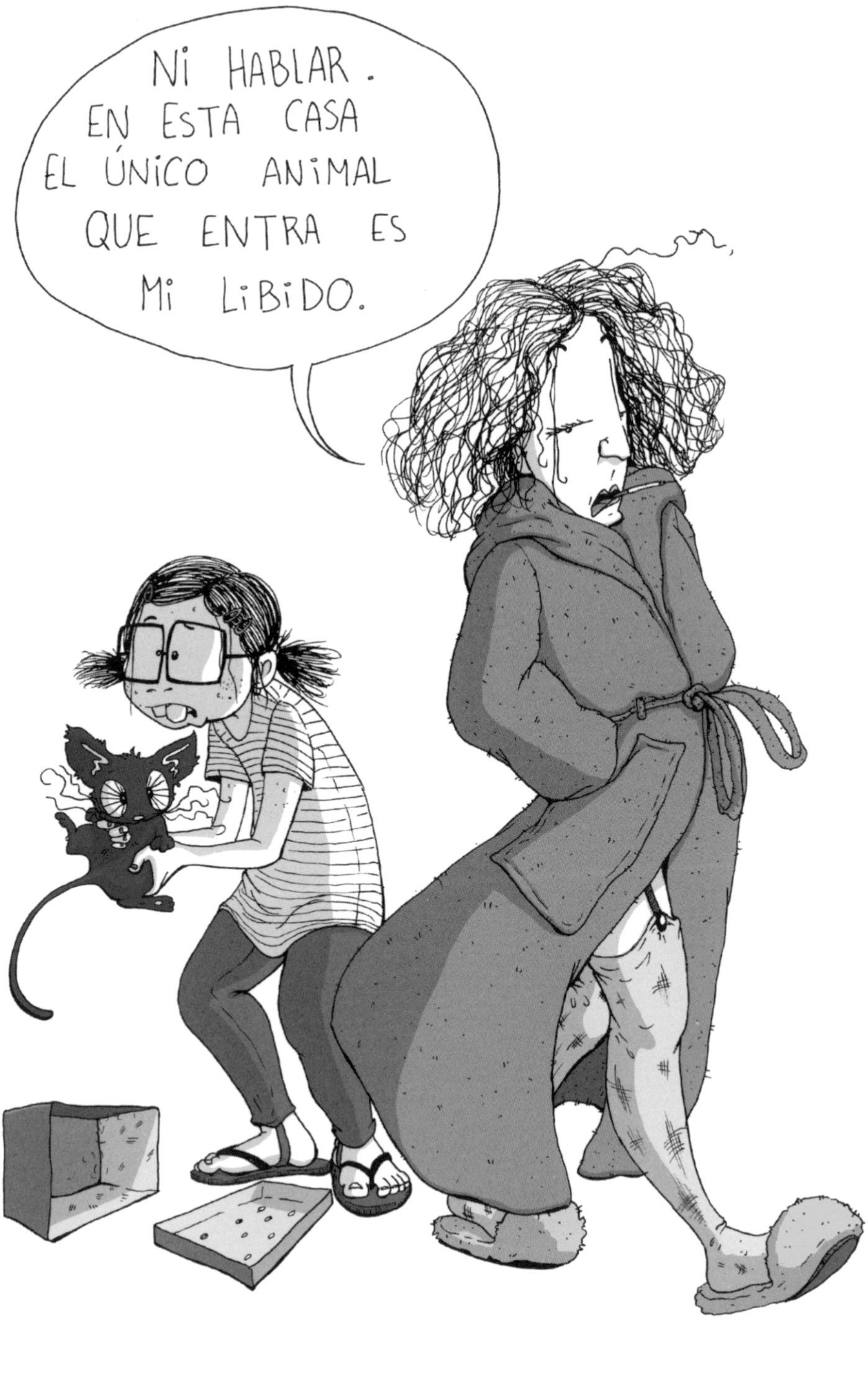
NI HABLAR. EN ESTA CASA EL ÚNICO ANIMAL QUE ENTRA ES MI LIBIDO.

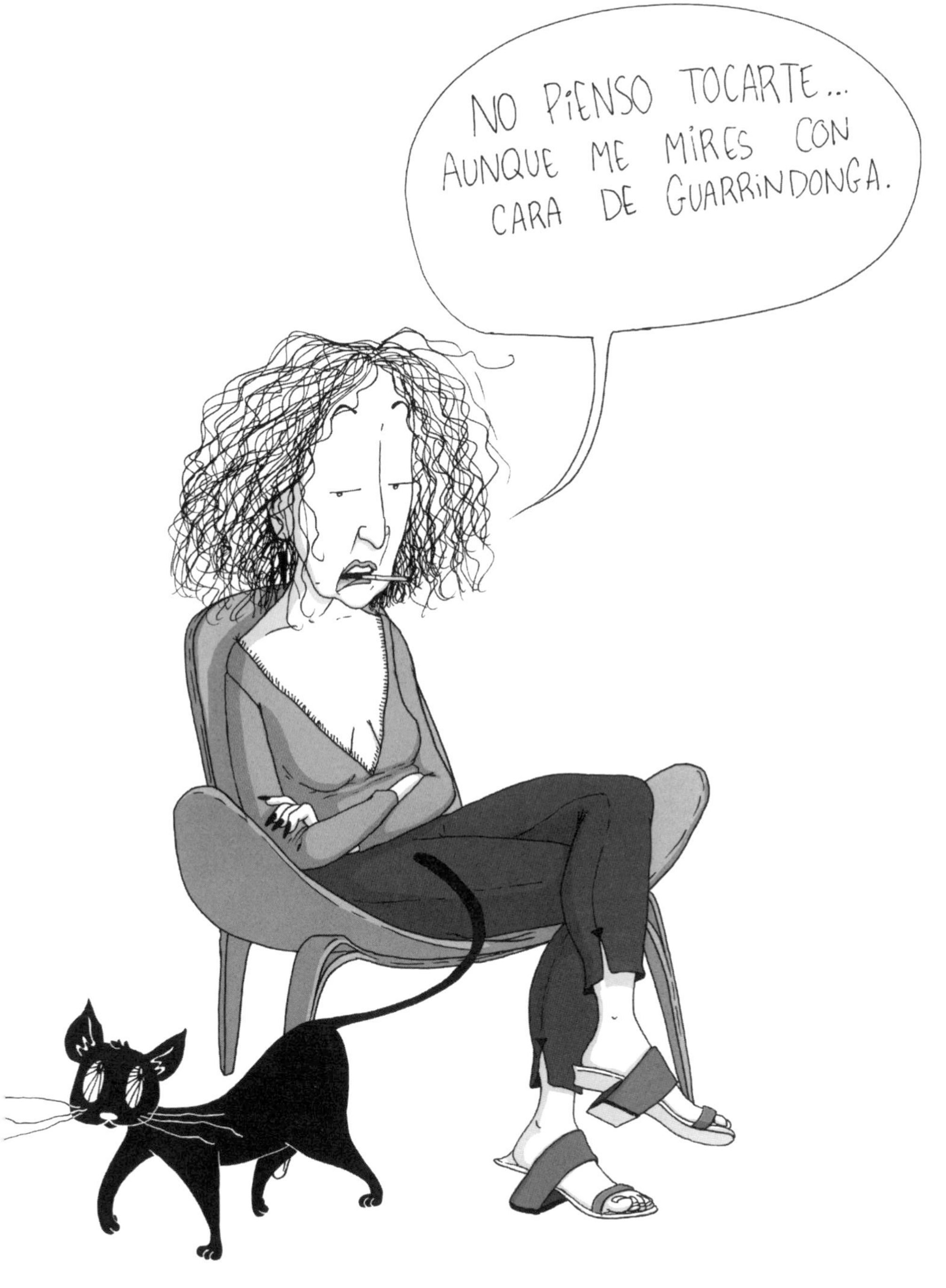
NO PIENSO TOCARTE... AUNQUE ME MIRES CON CARA DE GUARRINDONGA.

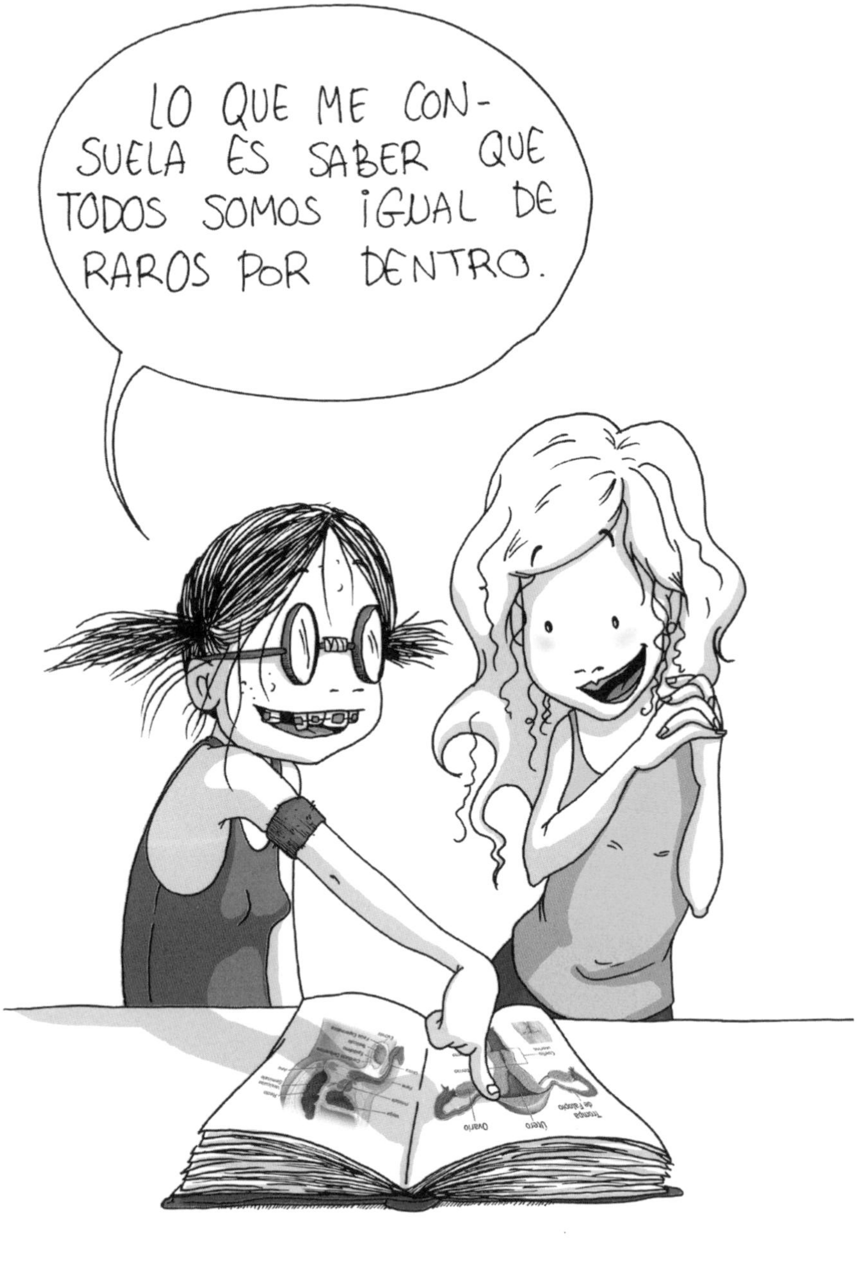
LO QUE ME CONSUELA ES SABER QUE TODOS SOMOS IGUAL DE RAROS POR DENTRO.

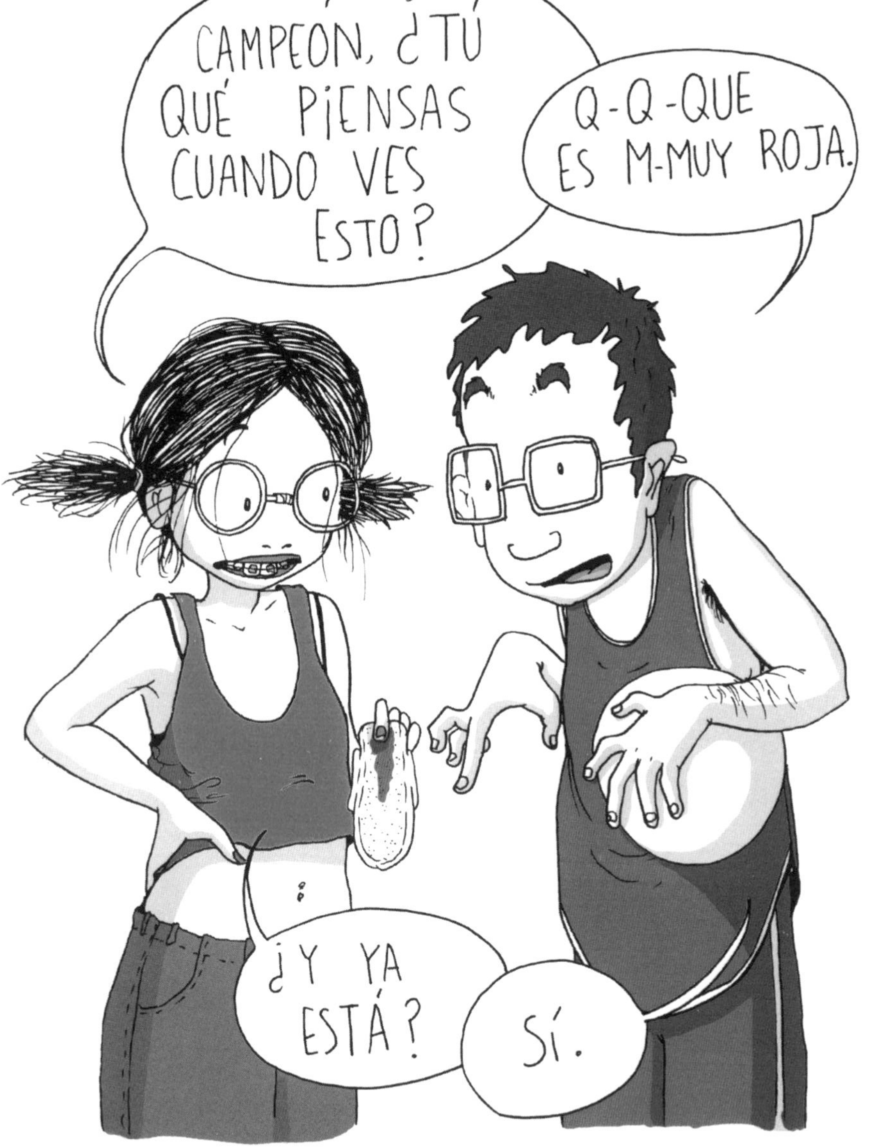
CAMPEÓN, ¿TÚ QUÉ PIENSAS CUANDO VES ESTO?
Q-Q-QUE ES M-MUY ROJA.
¿Y YA ESTÁ?
SÍ.

Todo
es
perfecto.

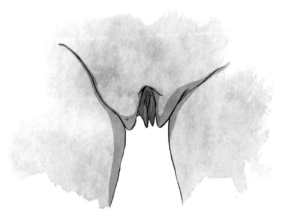

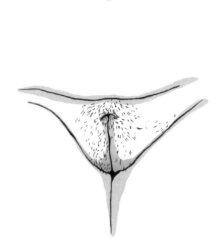

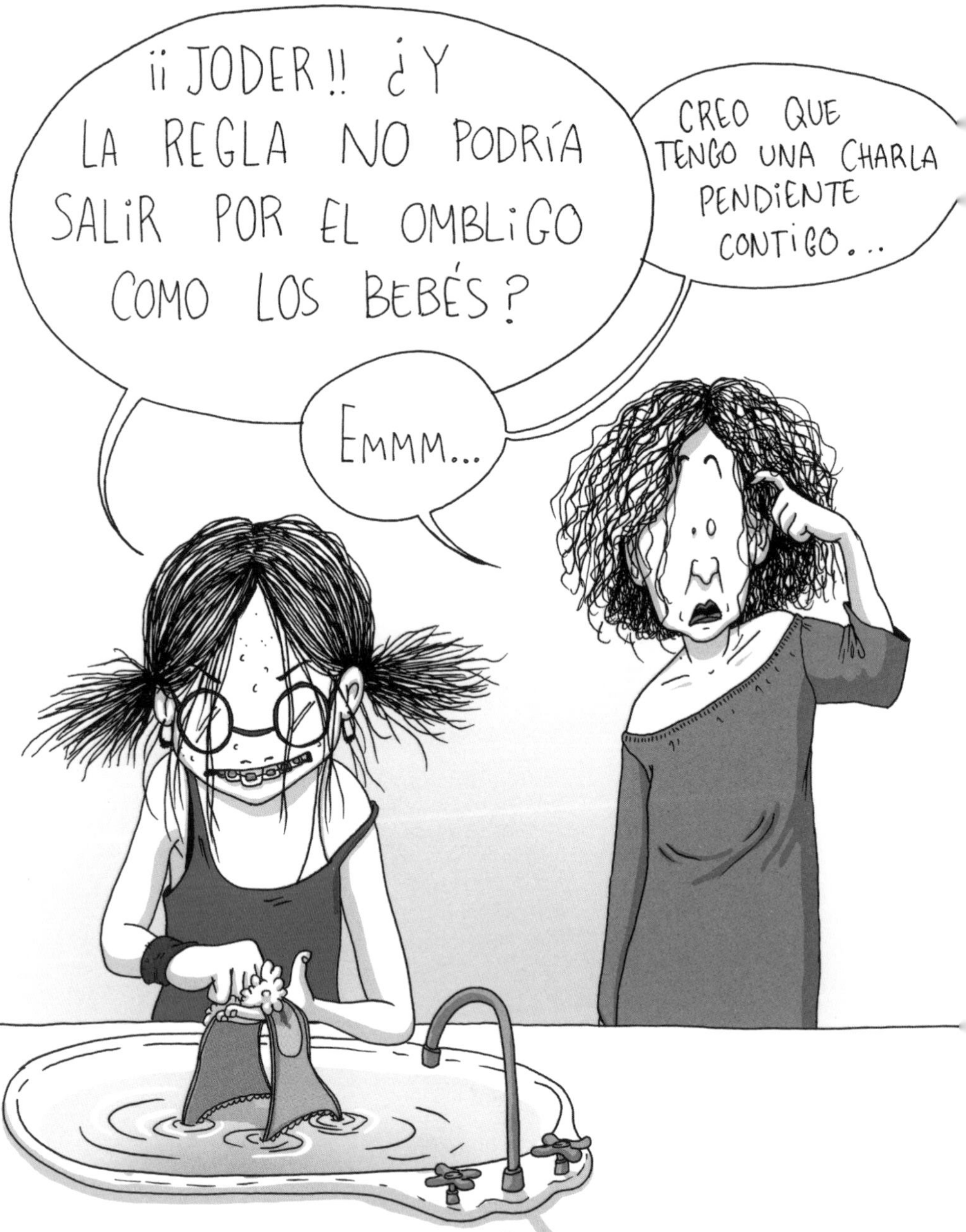
¡¡JODER!! ¿Y LA REGLA NO PODRÍA SALIR POR EL OMBLIGO COMO LOS BEBÉS?
EMMM...
CREO QUE TENGO UNA CHARLA PENDIENTE CONTIGO...

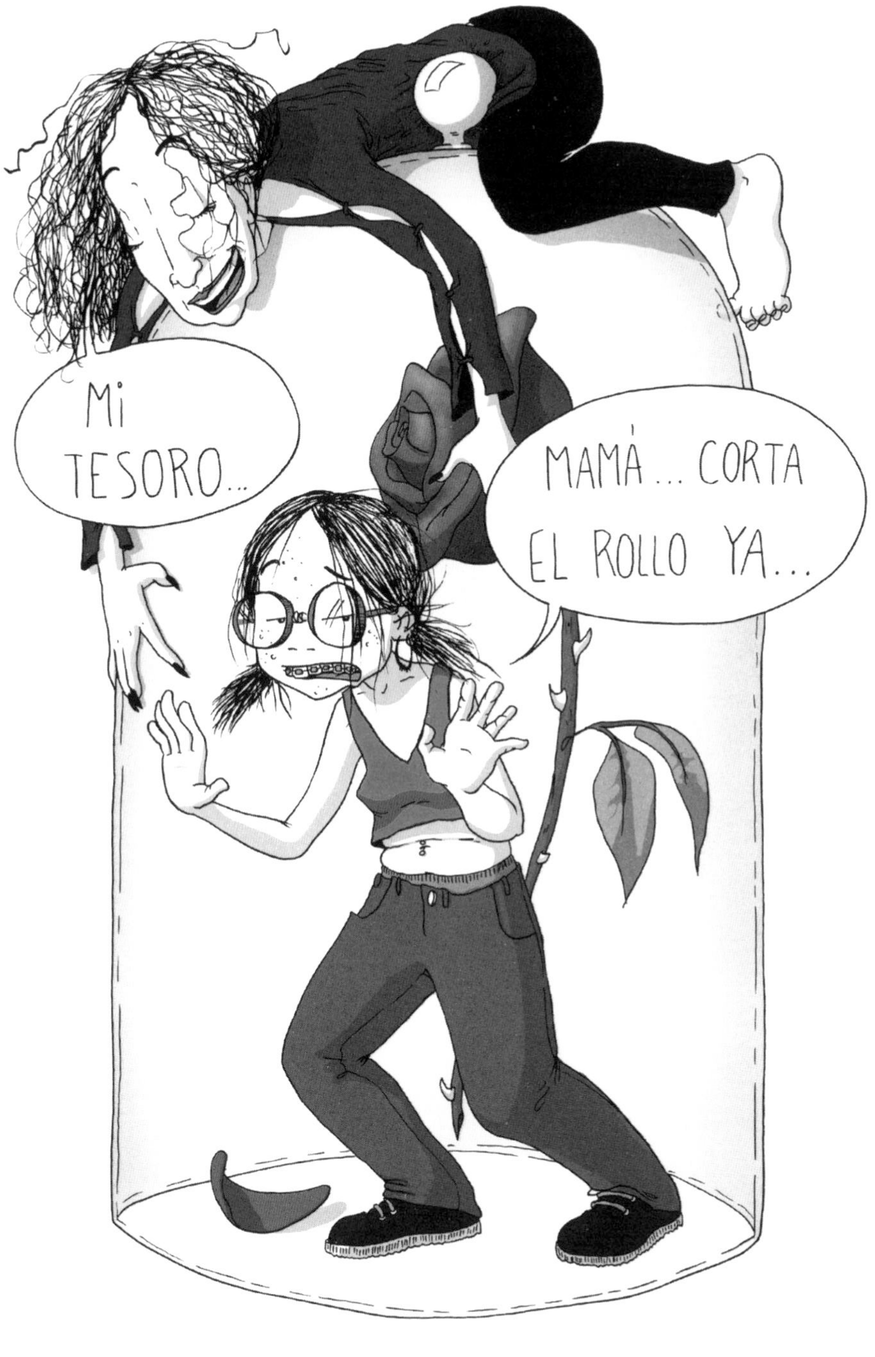
Mi TESORO...
MAMÁ... CORTA EL ROLLO YA...

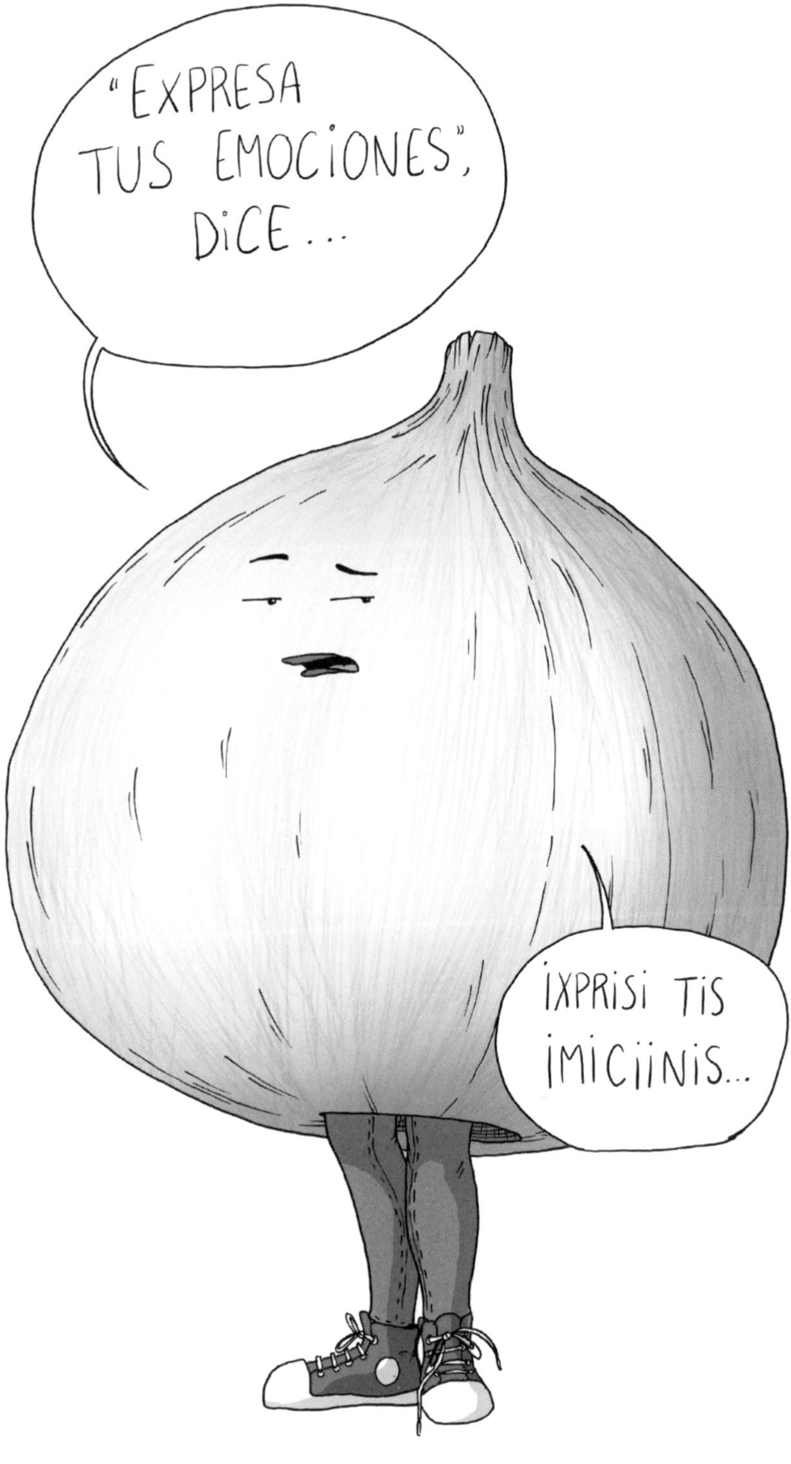
"EXPRESA TUS EMOCIONES", DiCE...
iXPRiSi TiS iMICiiNiS...

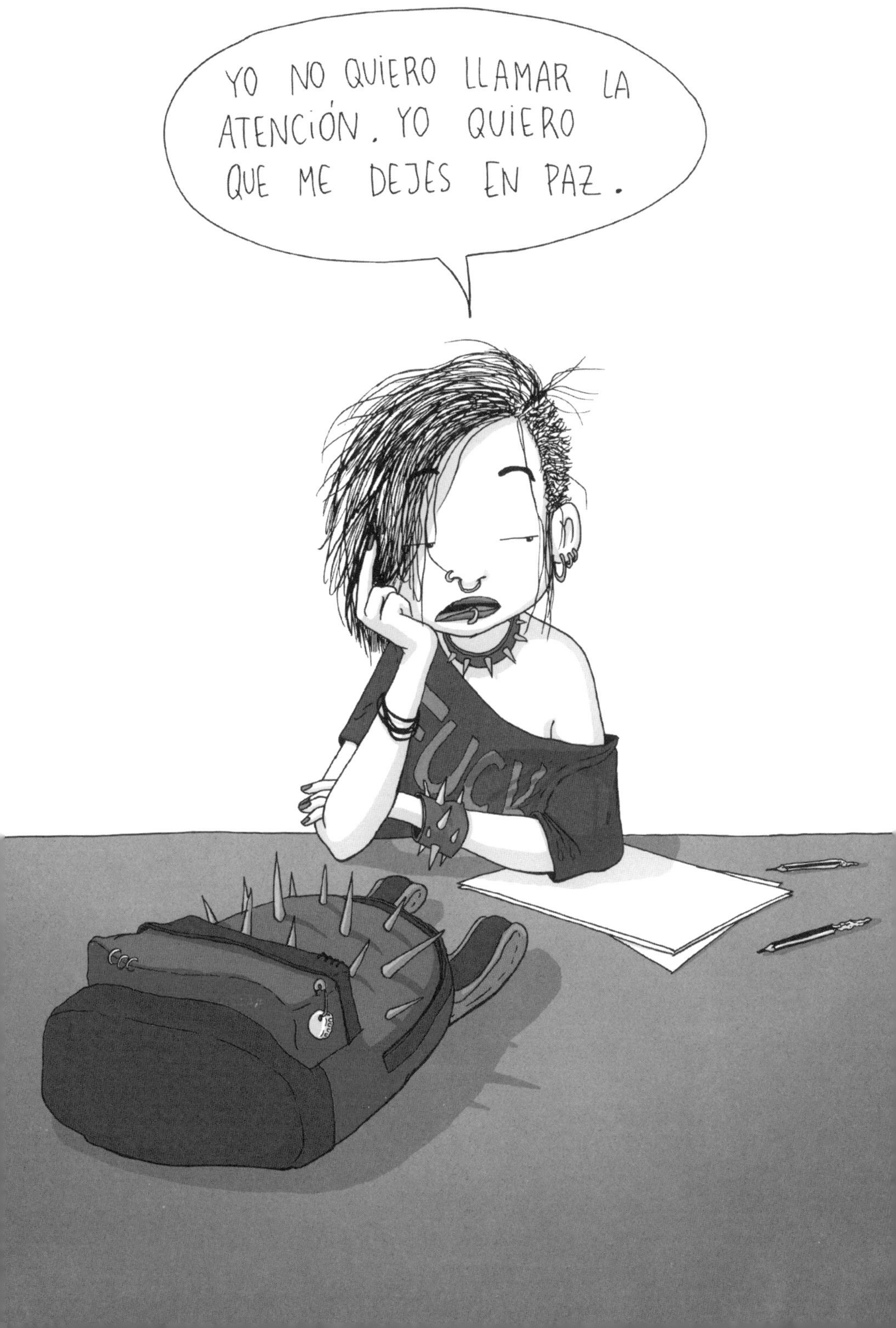
YO NO QUIERO LLAMAR LA ATENCIÓN. YO QUIERO QUE ME DEJES EN PAZ.
FUCK

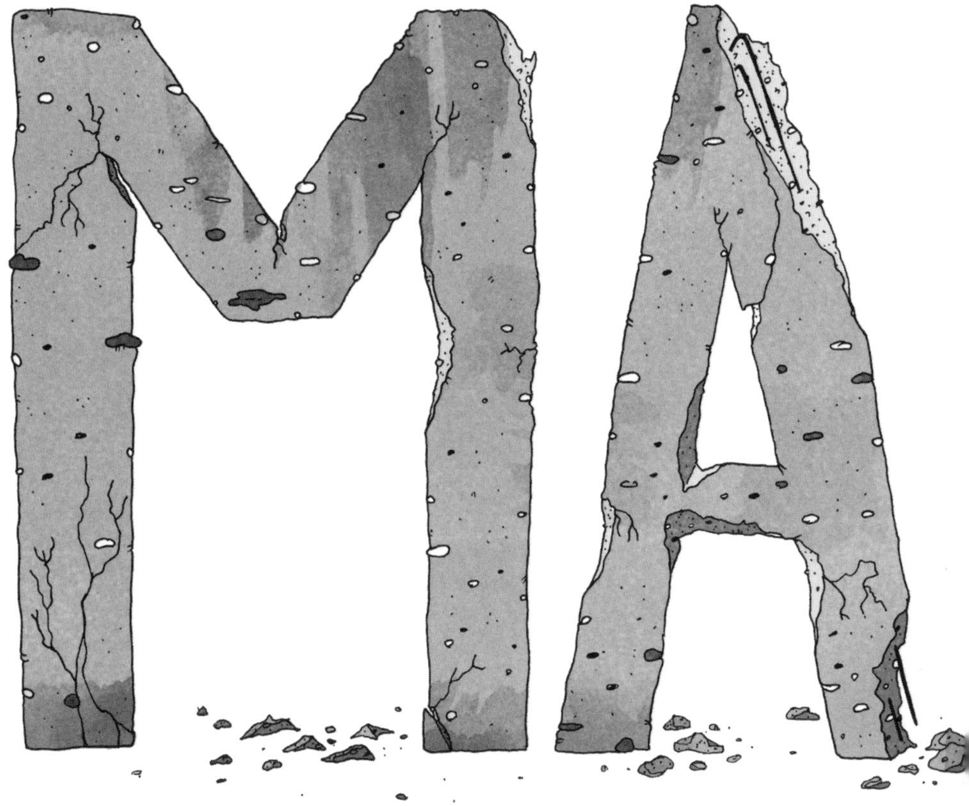
MA

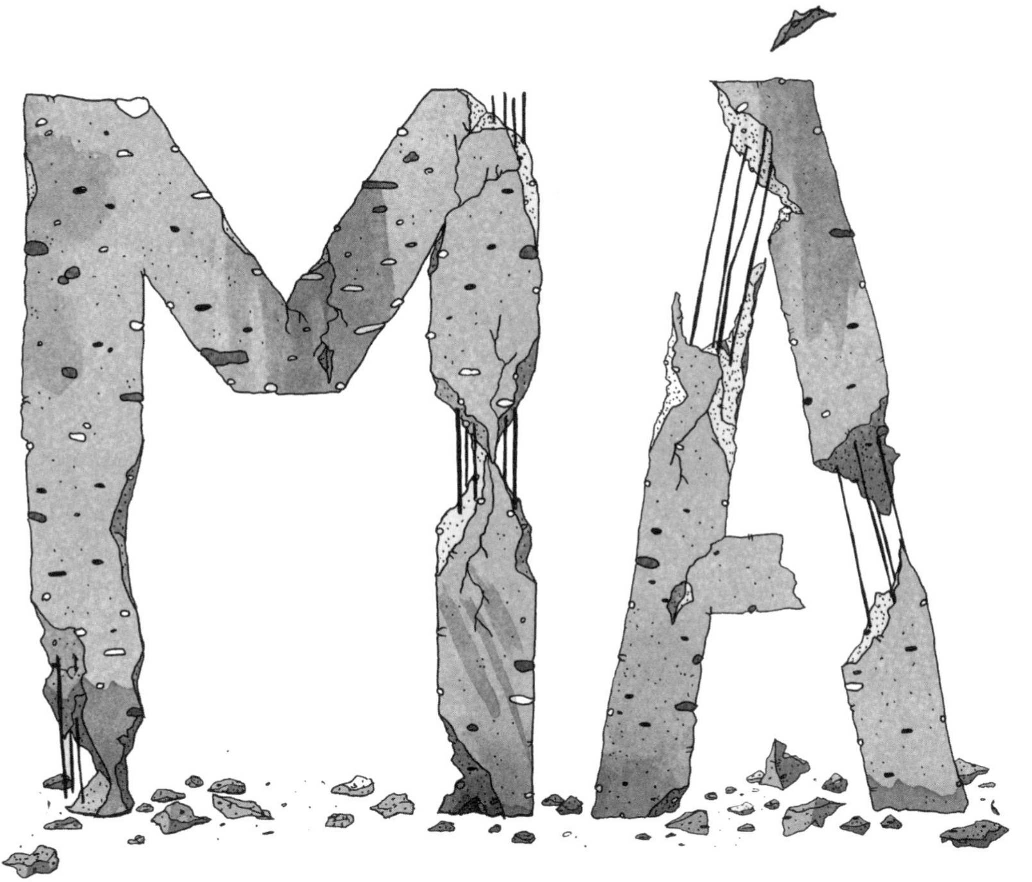
MÁ

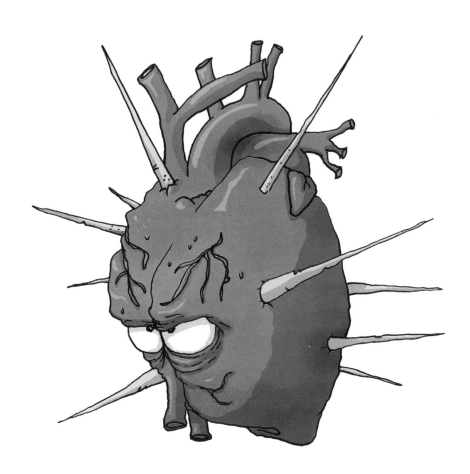

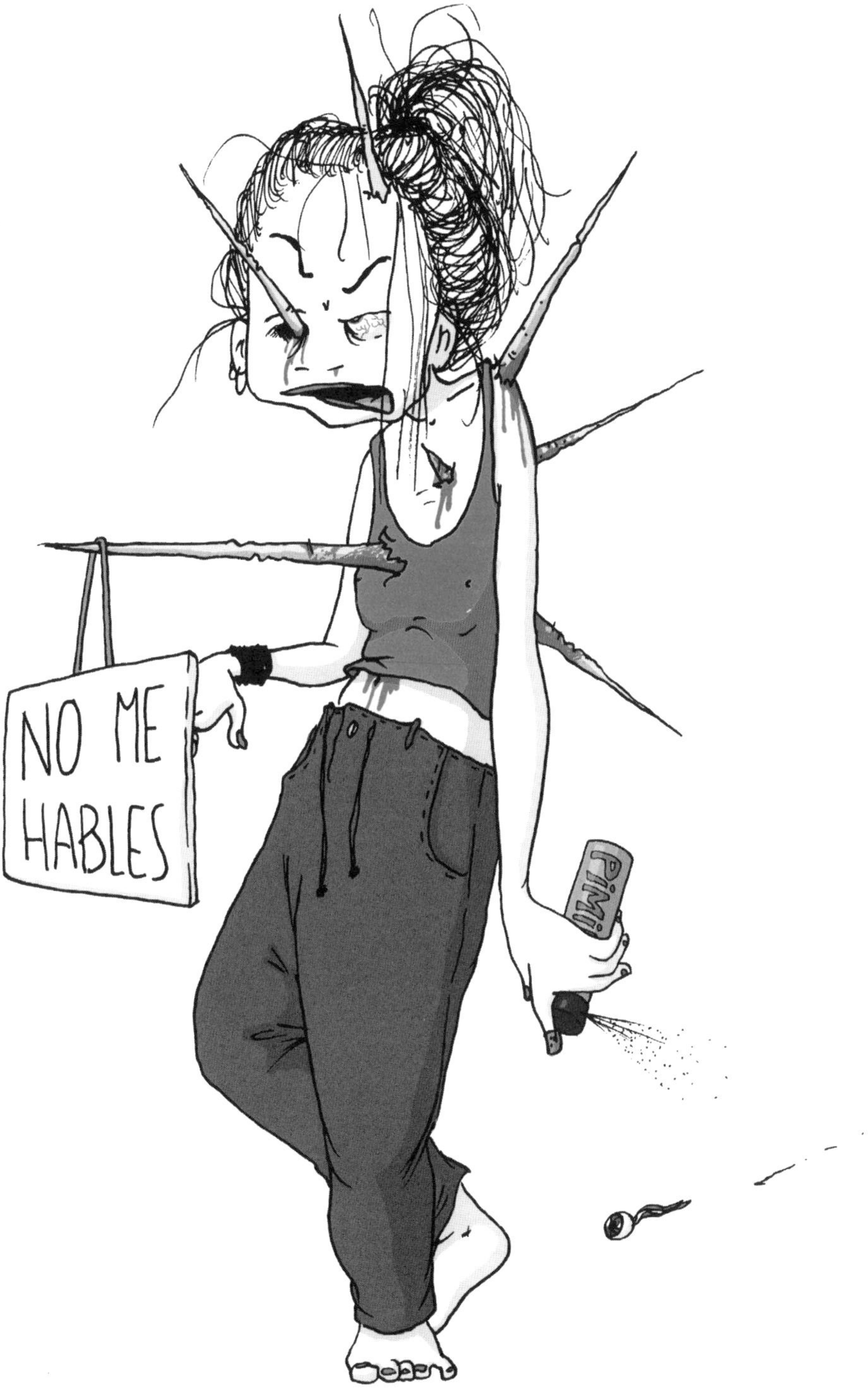
NO ME
HABLES

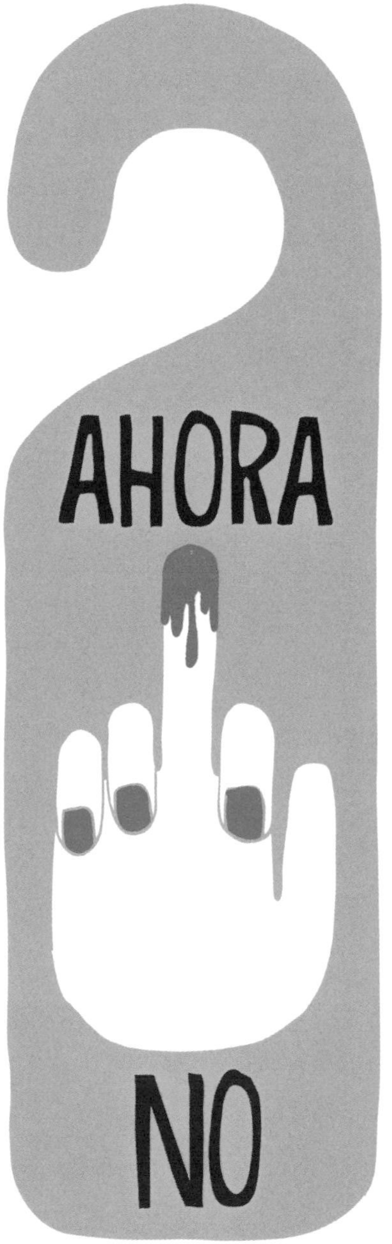
AHORA
NO

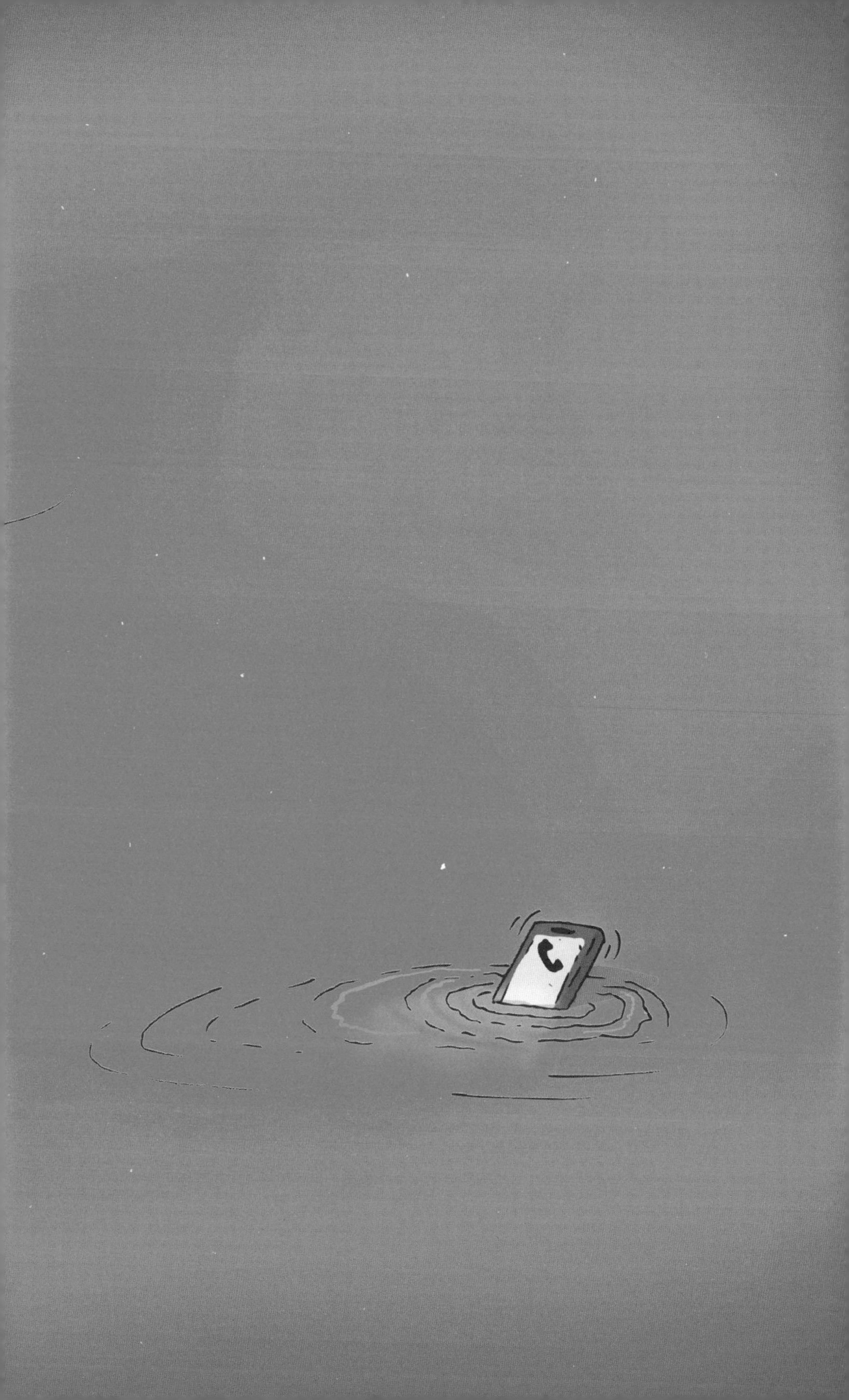

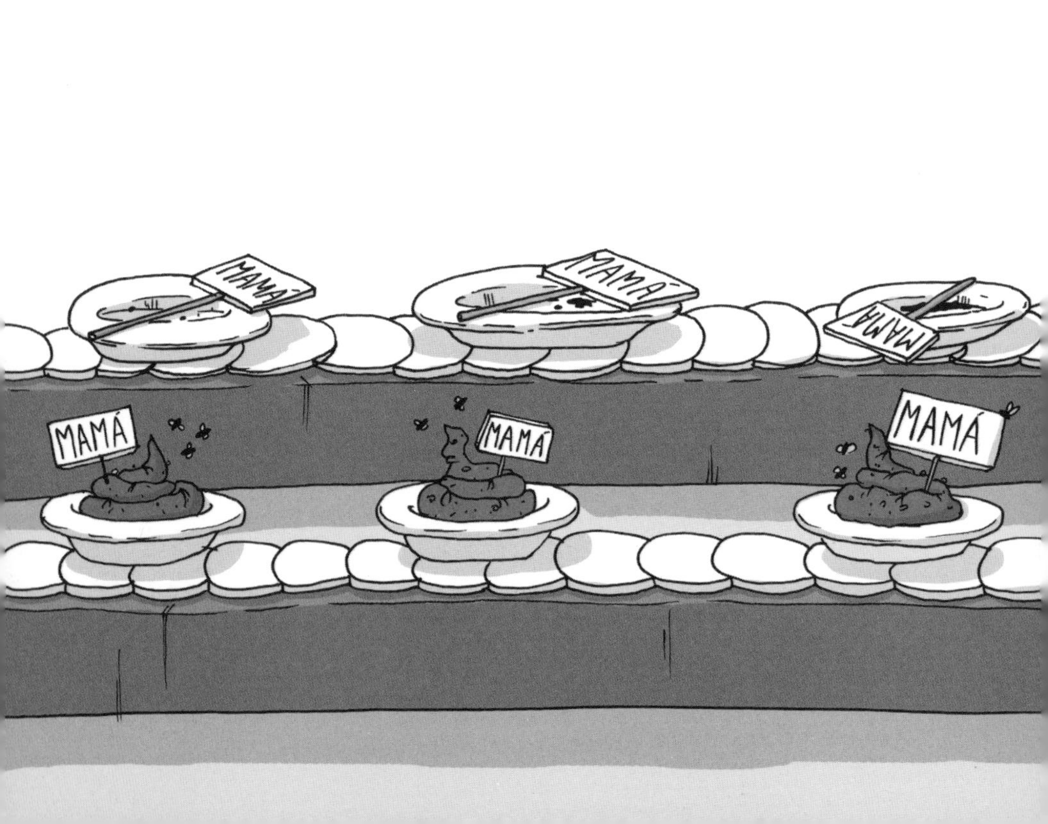
MAMÁ
MAMÁ
MAMÁ
MAMÁ
MAMÁ
MAMÁ

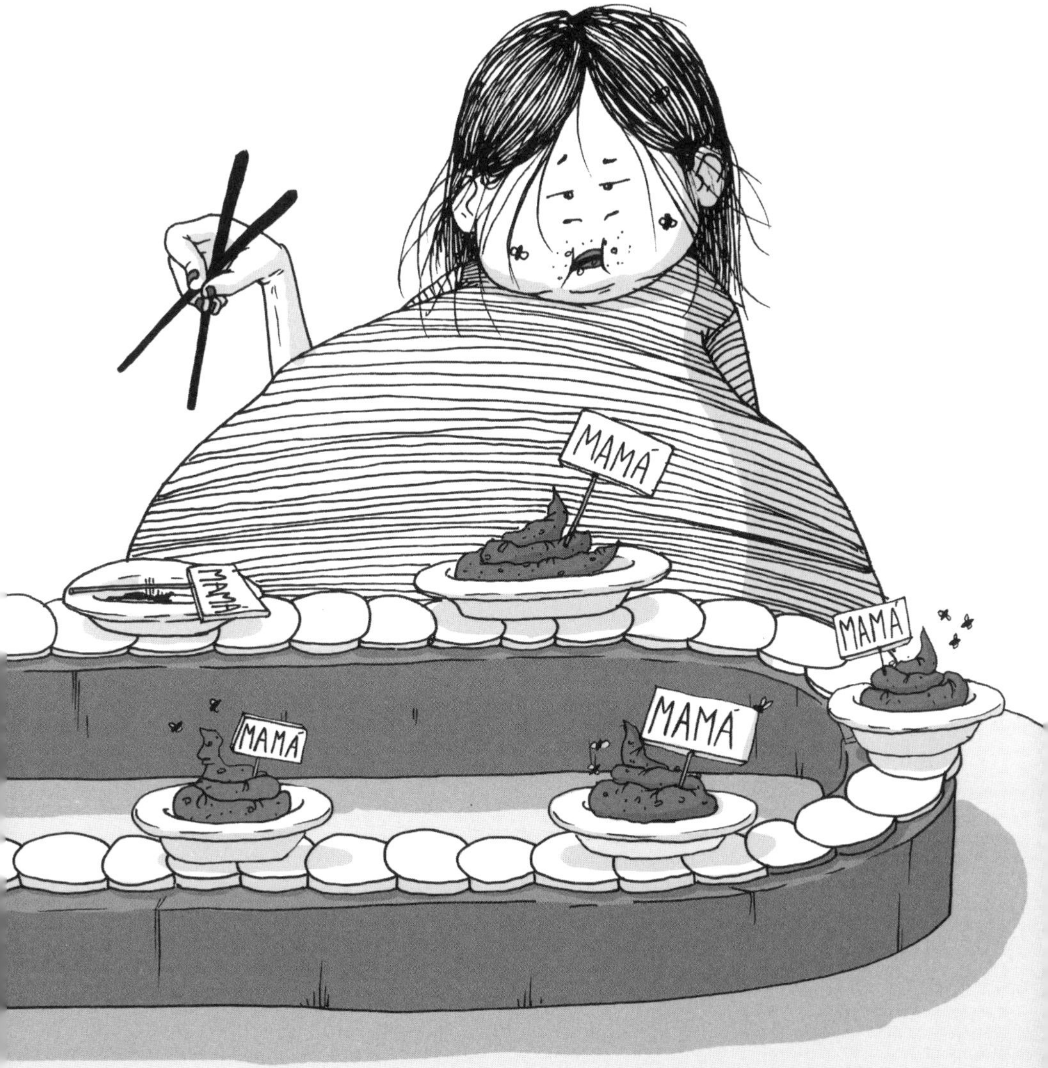
MAMÁ
MAMÁ
MAMÁ
MAMÁ
MAMÁ

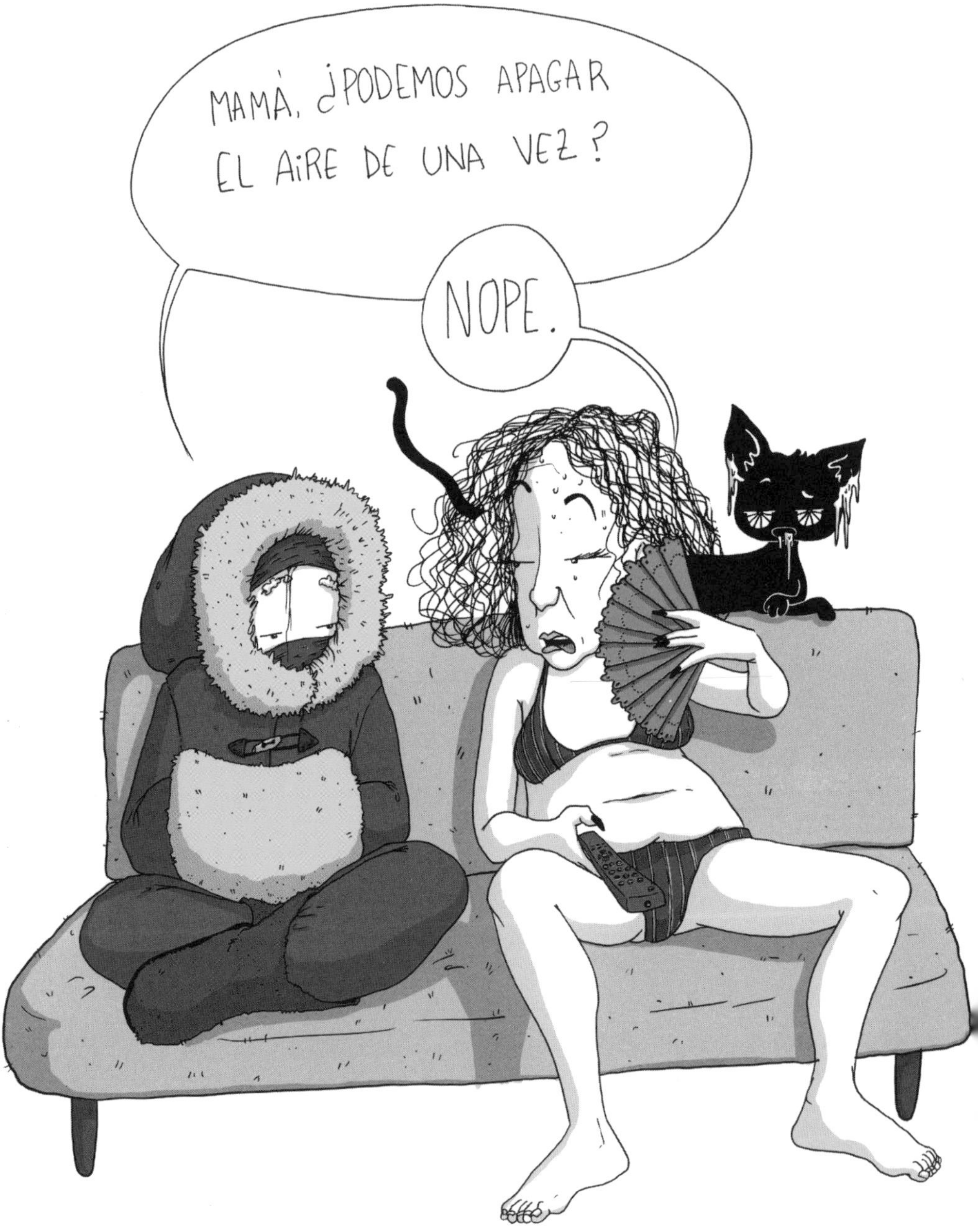
MAMÁ, ¿PODEMOS APAGAR EL AIRE DE UNA VEZ?
NOPE.

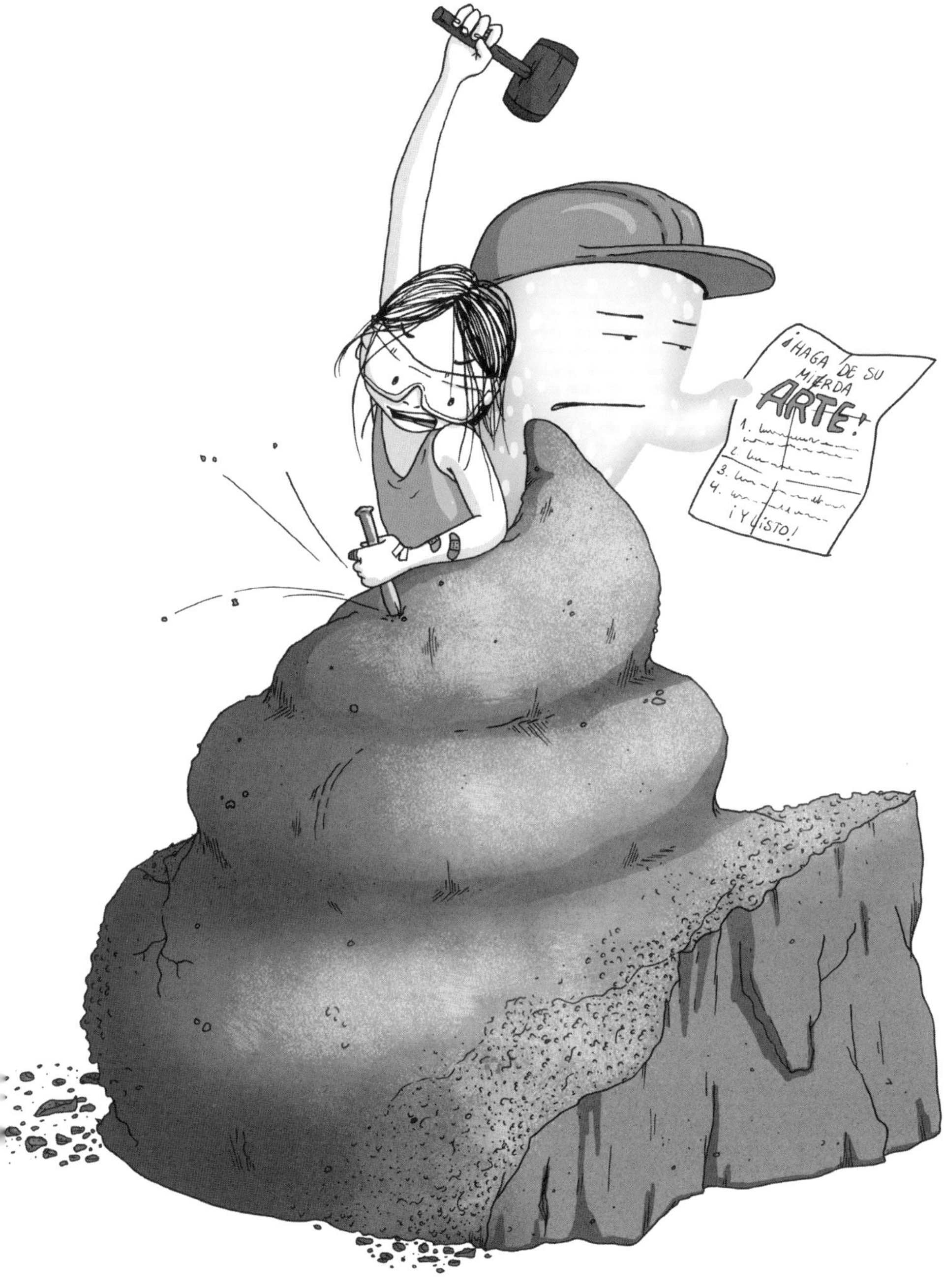
¡HAGA DE SU MIERDA ARTE!
1.
2.
3.
4.
¡Y LISTO!

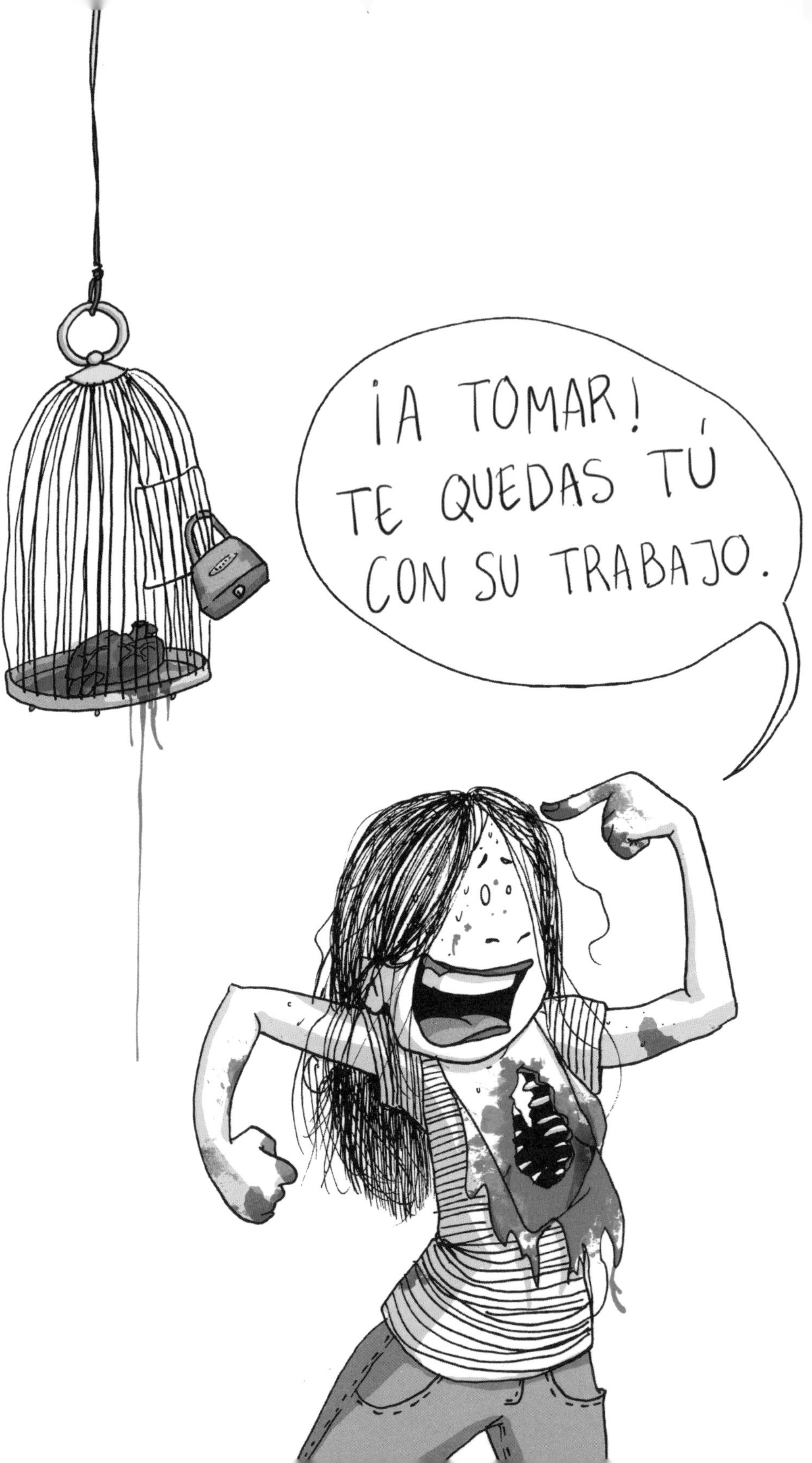
¡A TOMAR! TE QUEDAS TÚ CON SU TRABAJO.

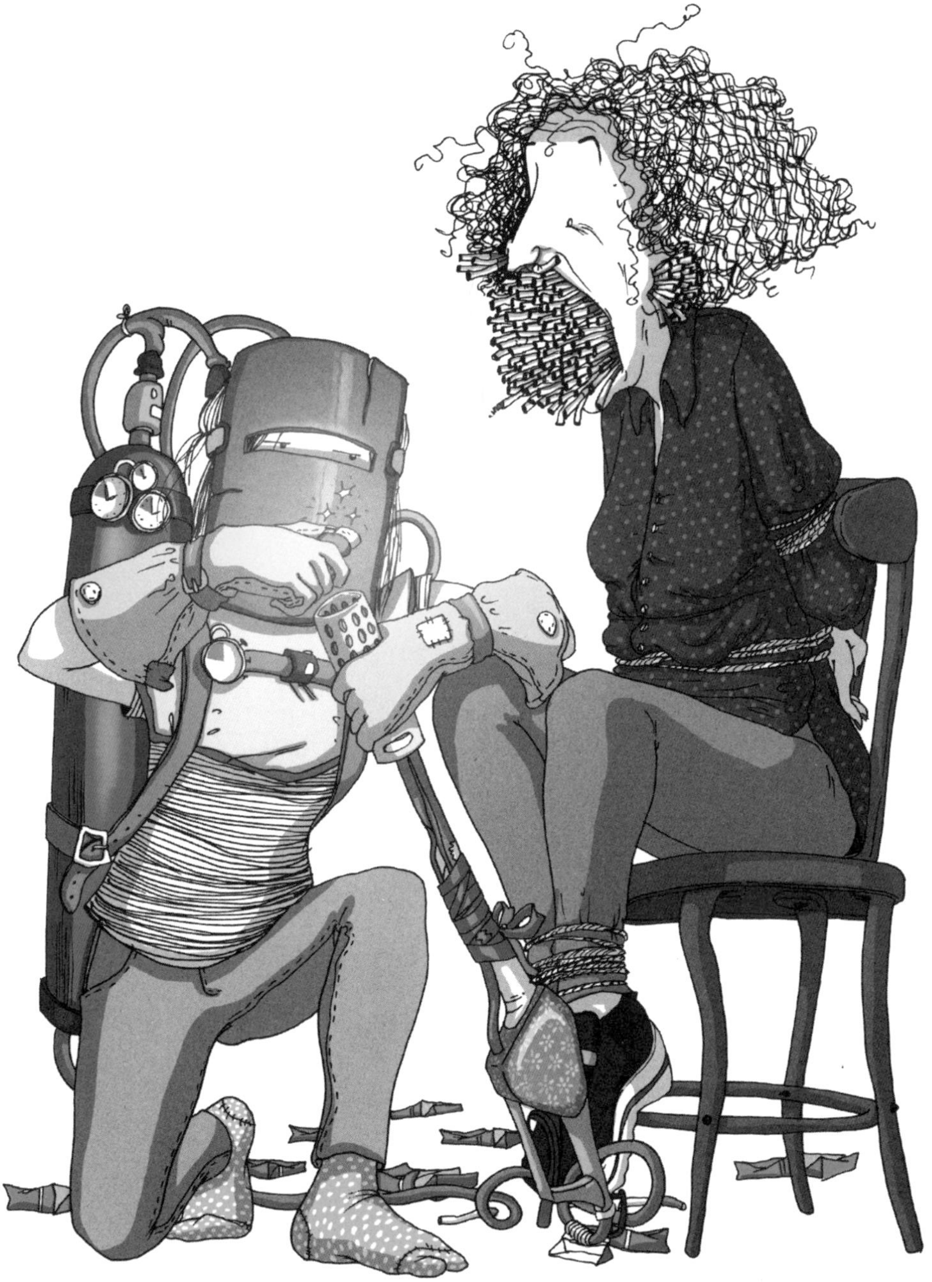

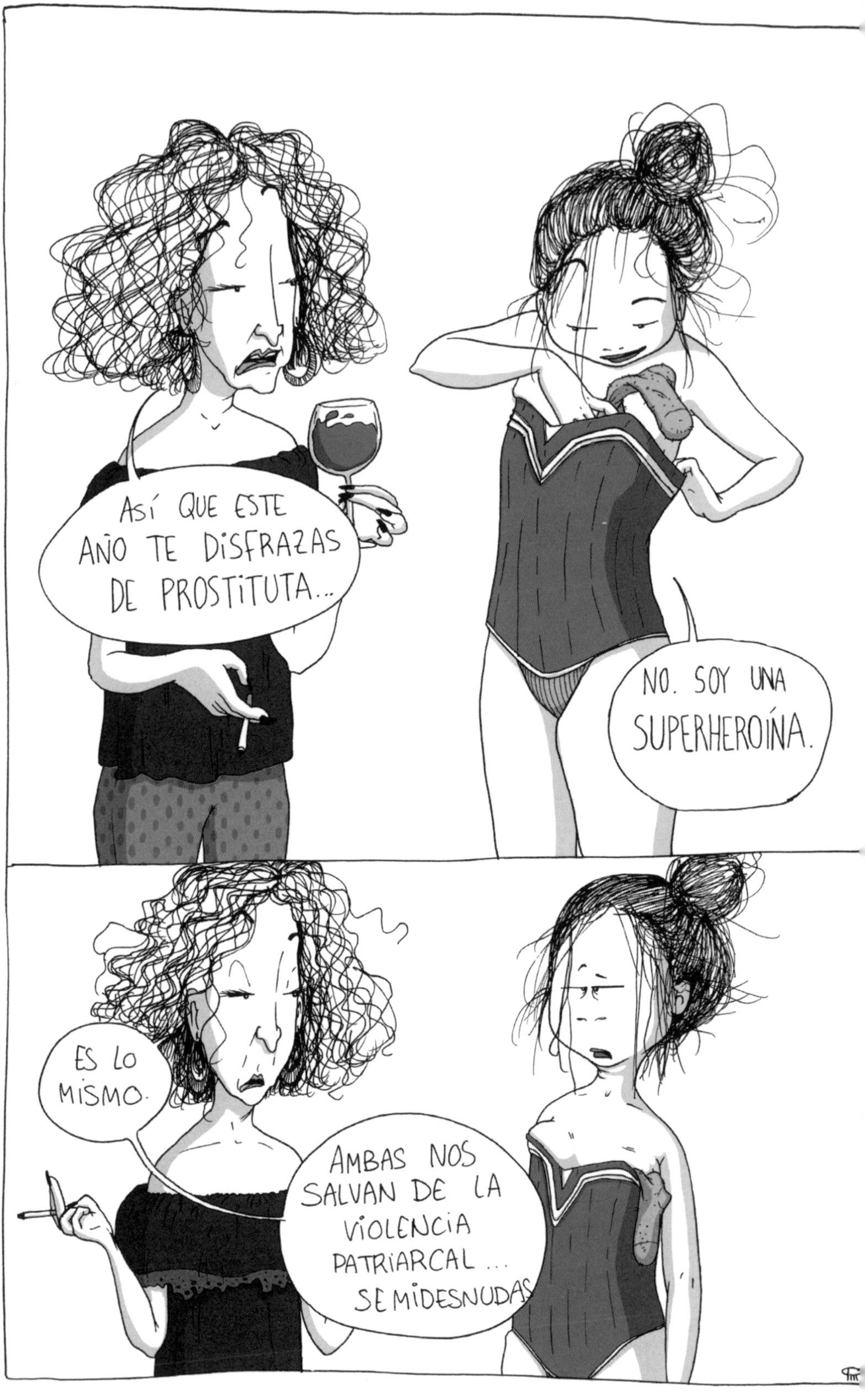
ASÍ QUE ESTE AÑO TE DISFRAZAS DE PROSTITUTA...
NO. SOY UNA SUPERHEROÍNA.
ES LO MISMO.
AMBAS NOS SALVAN DE LA VIOLENCIA PATRIARCAL... SEMIDESNUDAS

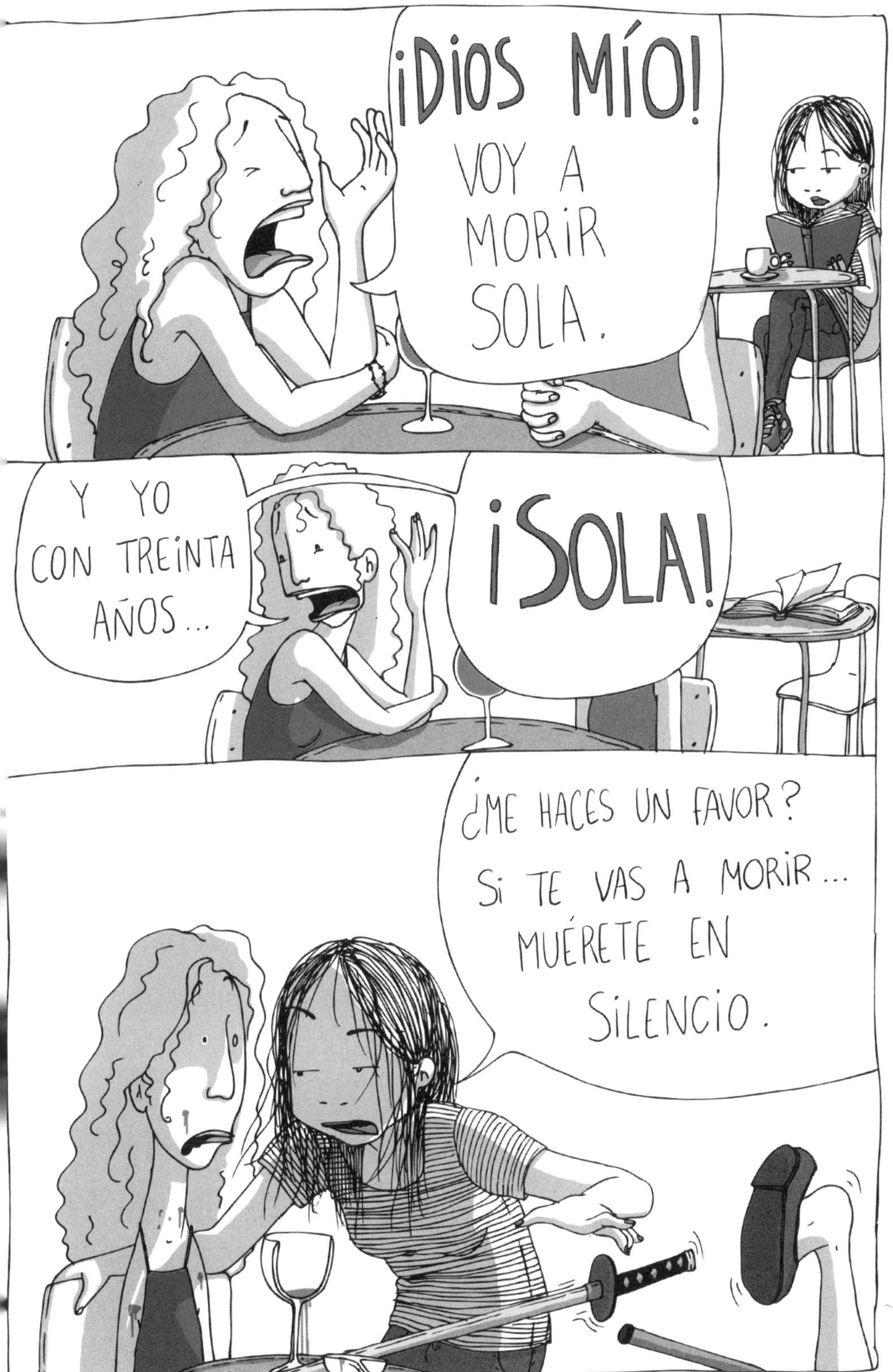
¡DIOS MÍO!
VOY A MORIR SOLA.
Y YO CON TREINTA AÑOS...
¡SOLA!
¿ME HACES UN FAVOR?
SI TE VAS A MORIR... MUÉRETE EN SILENCIO.
NO. NO ESTÁ MUERTA. ESTÁ EN SHOCK

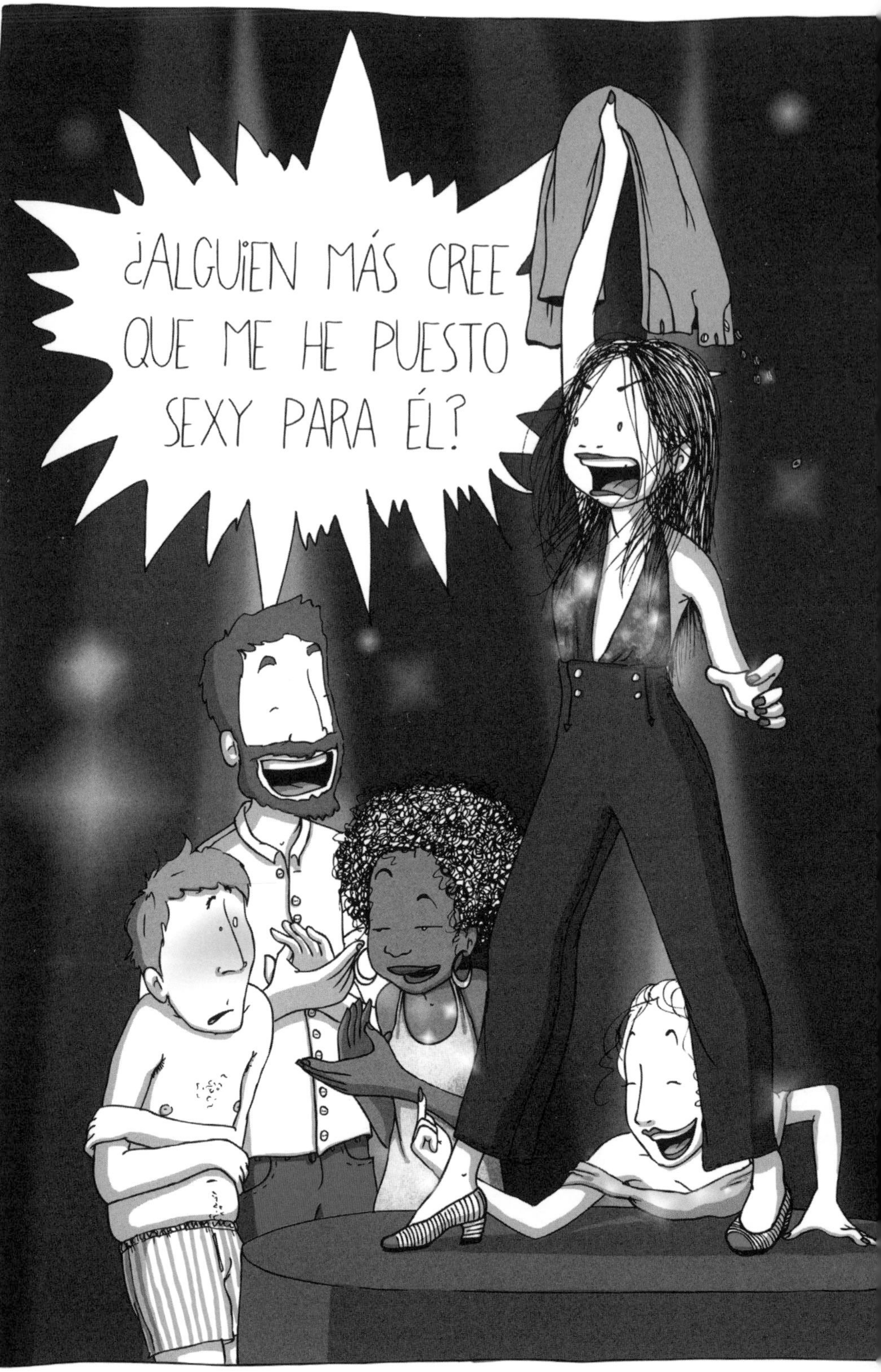
¿ALGUIEN MÁS CREE QUE ME HE PUESTO SEXY PARA ÉL?

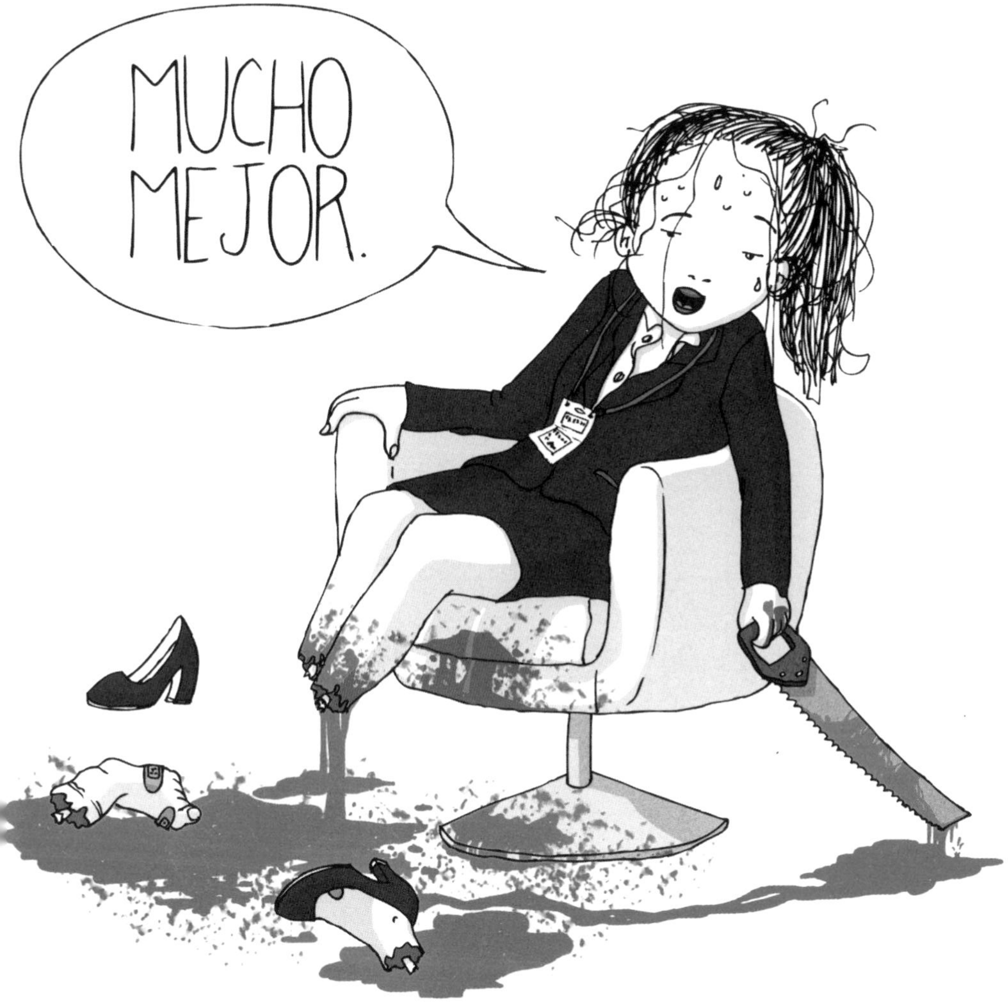
MUCHO MEJOR.

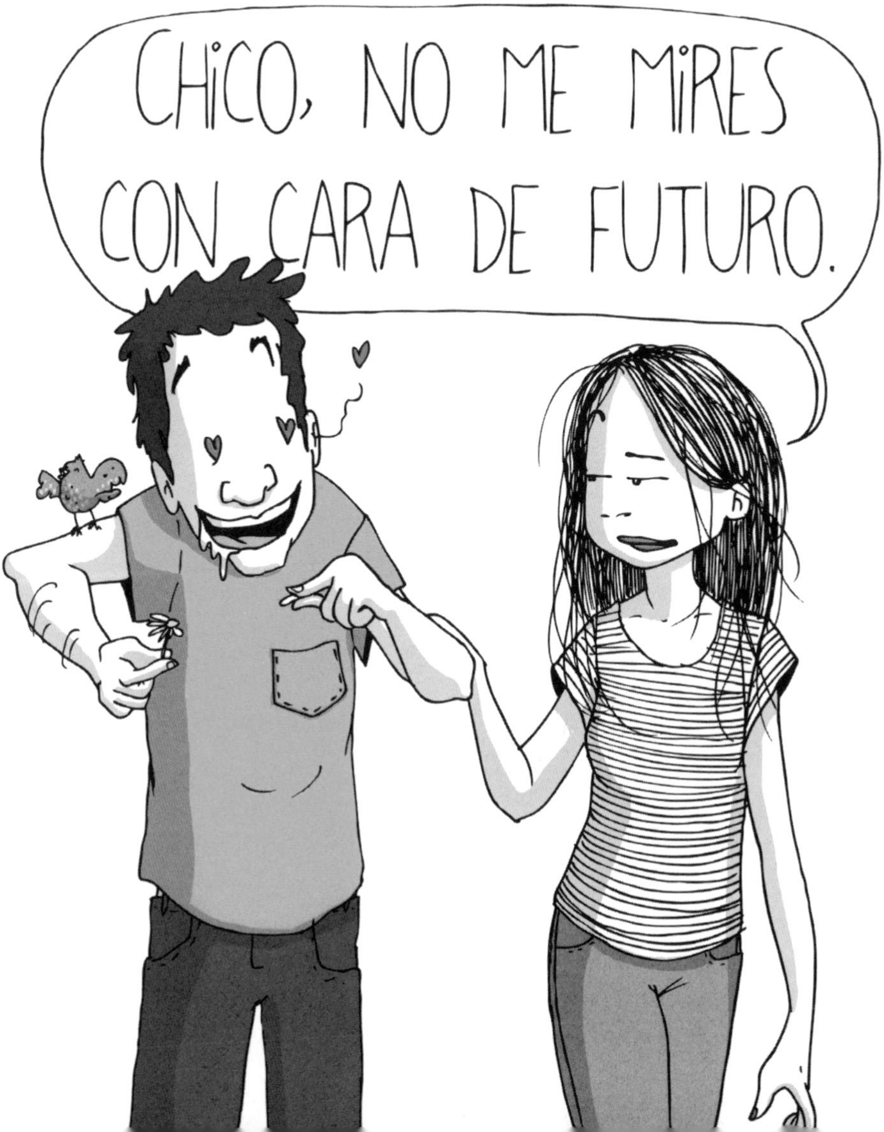
CHICO, NO ME MIRES CON CARA DE FUTURO.

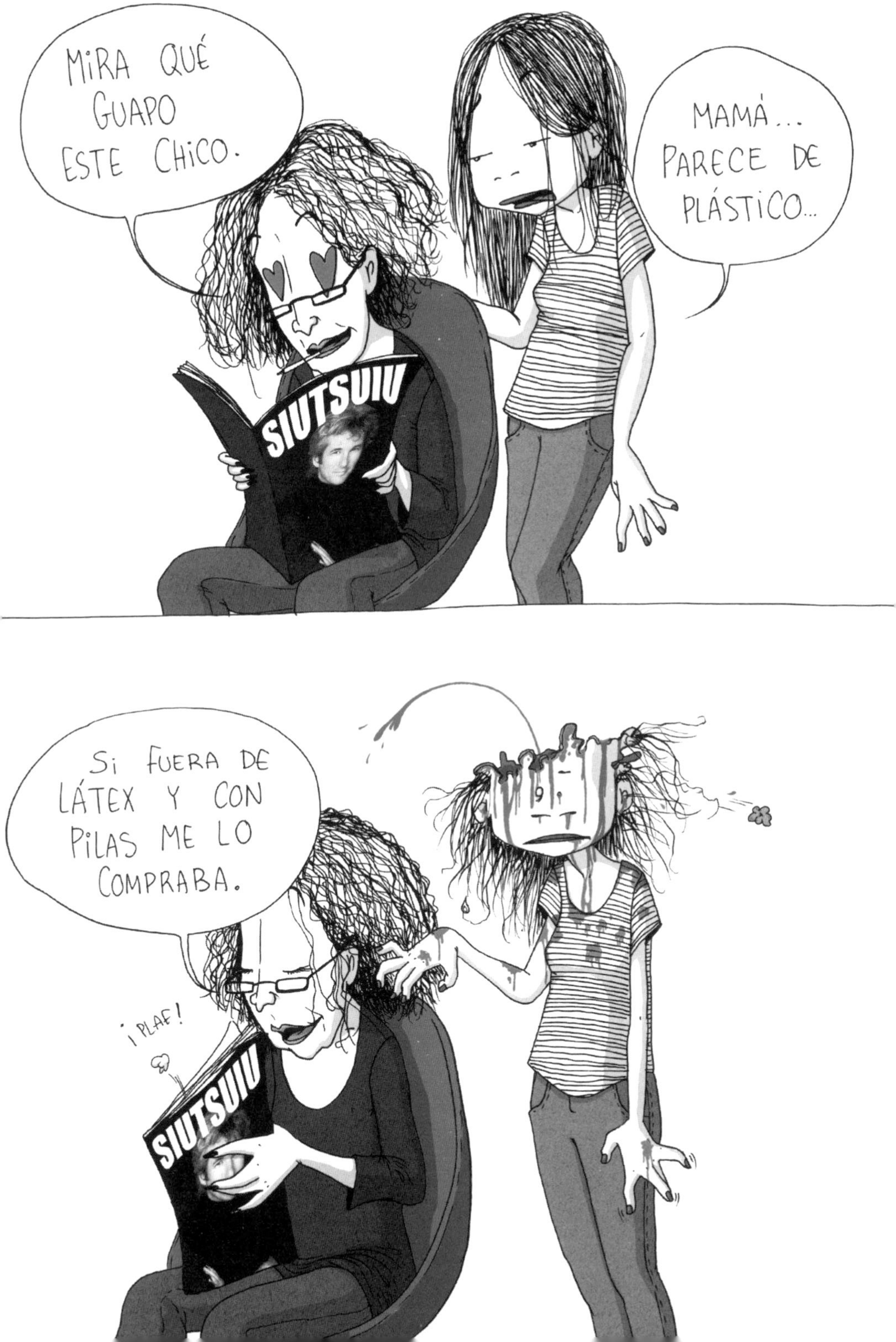
MIRA QUÉ GUAPO ESTE CHICO.
MAMÁ... PARECE DE PLÁSTICO...
SIUTSUIU
SI FUERA DE LÁTEX Y CON PILAS ME LO COMPRABA.
¡PLAF!
SIUTSUIU

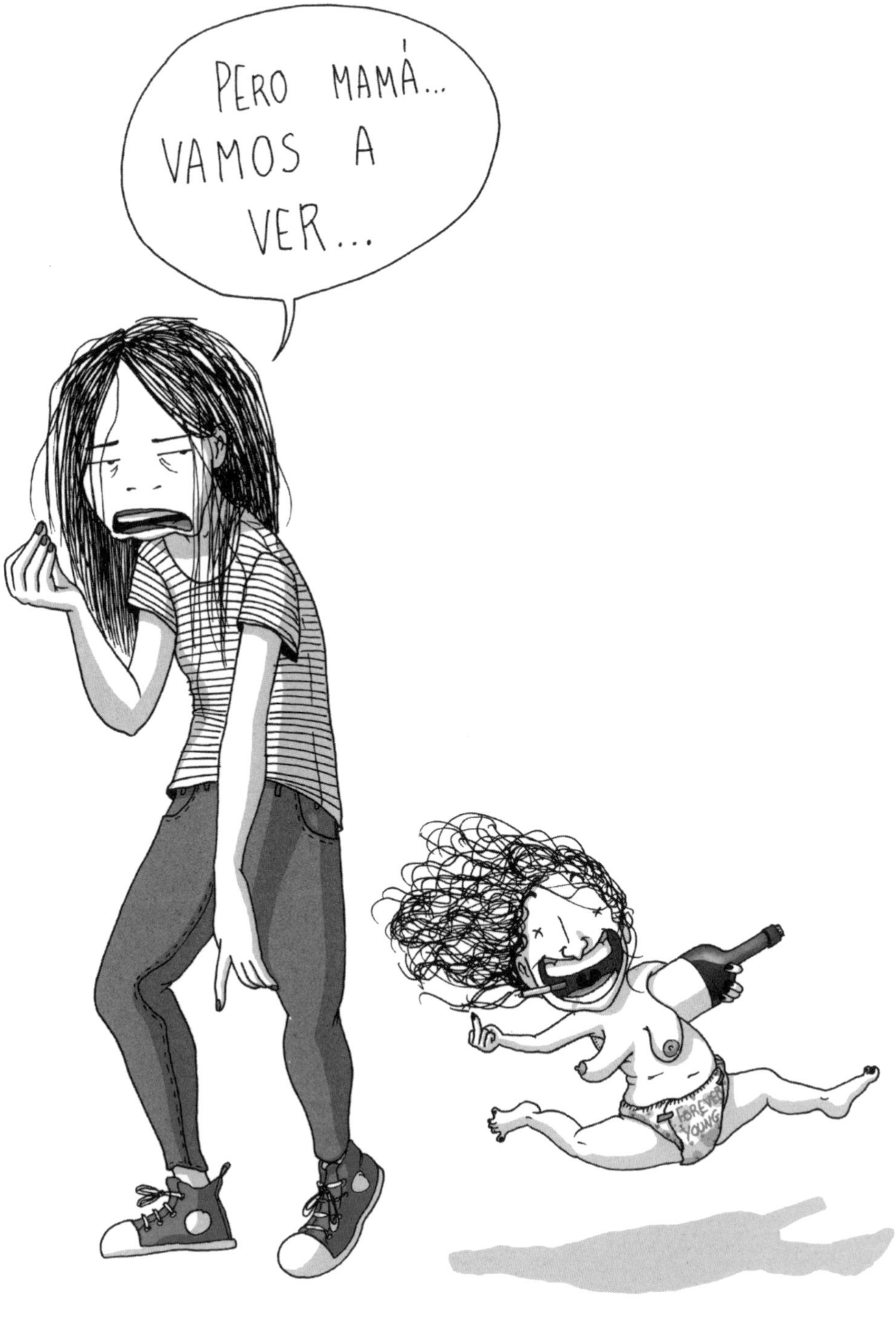
PERO MAMÁ... VAMOS A VER...
FOREVER YOUNG

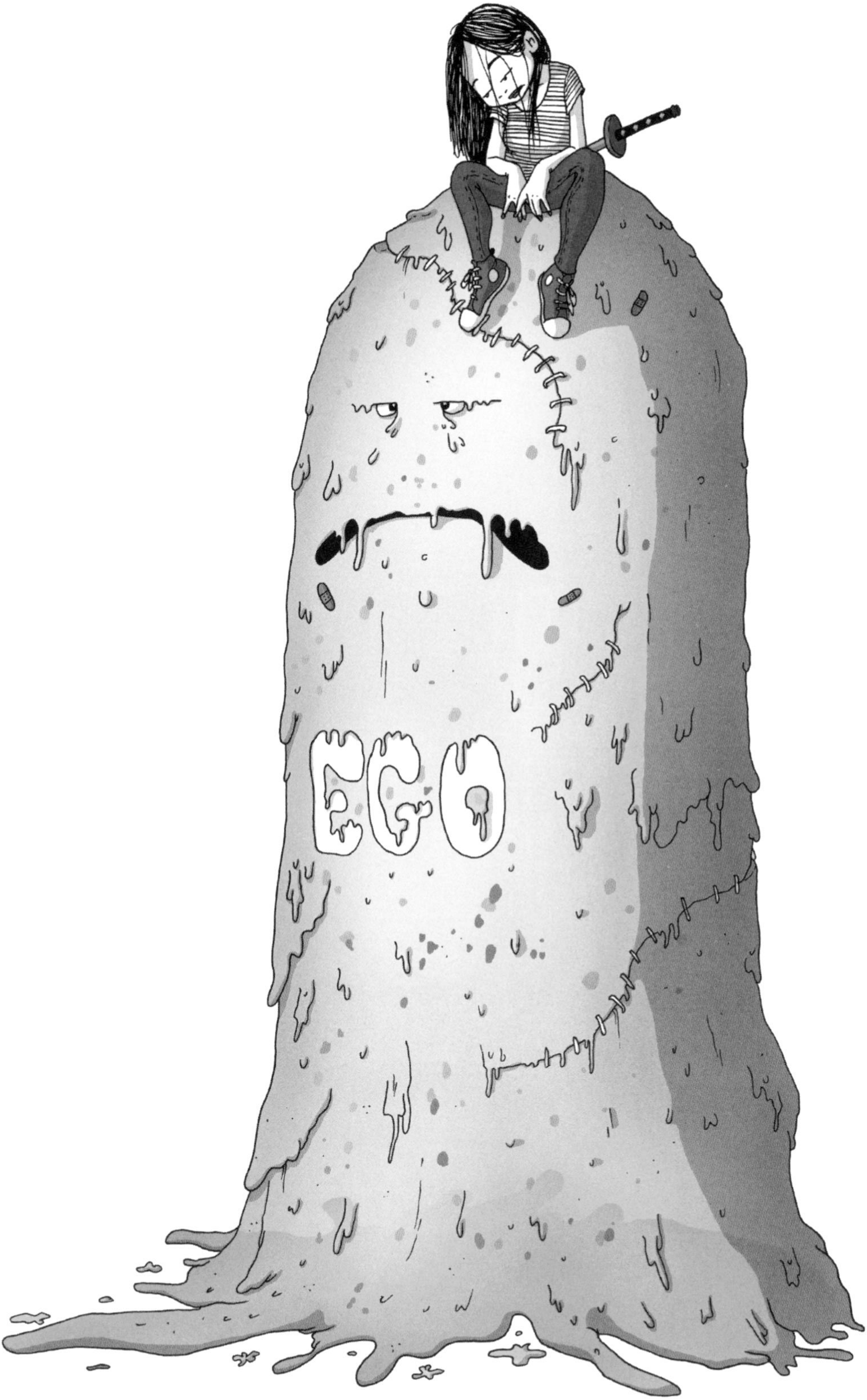
EGO

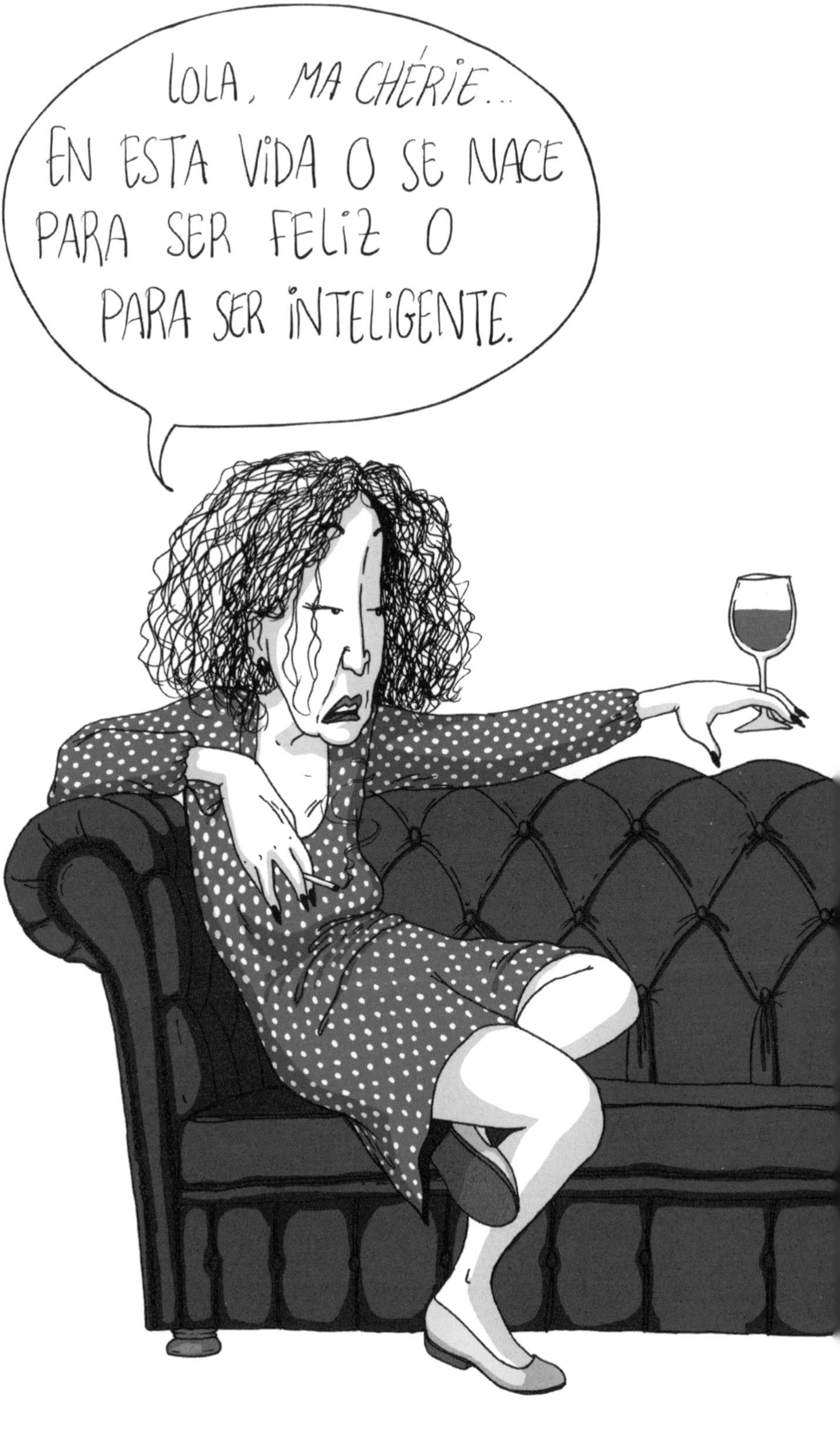
LOLA, MA CHÉRIE...
EN ESTA VIDA O SE NACE PARA SER FELIZ O PARA SER INTELIGENTE.

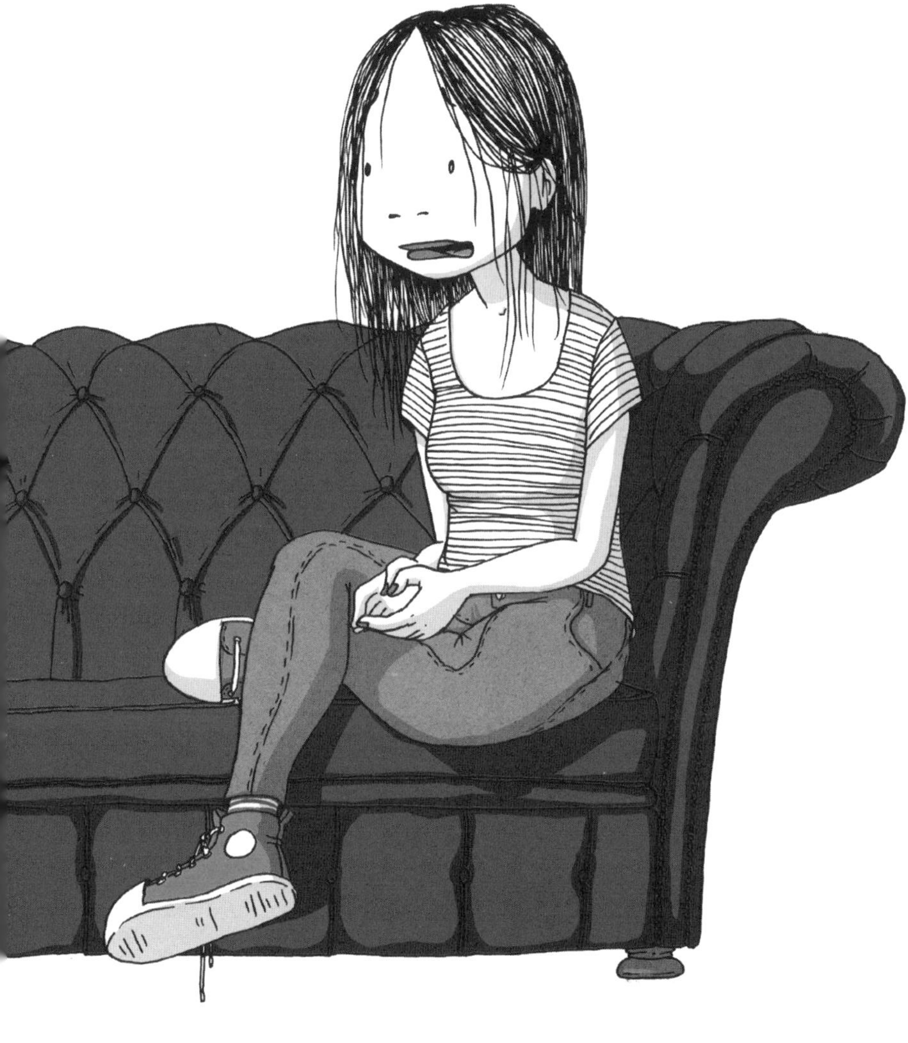

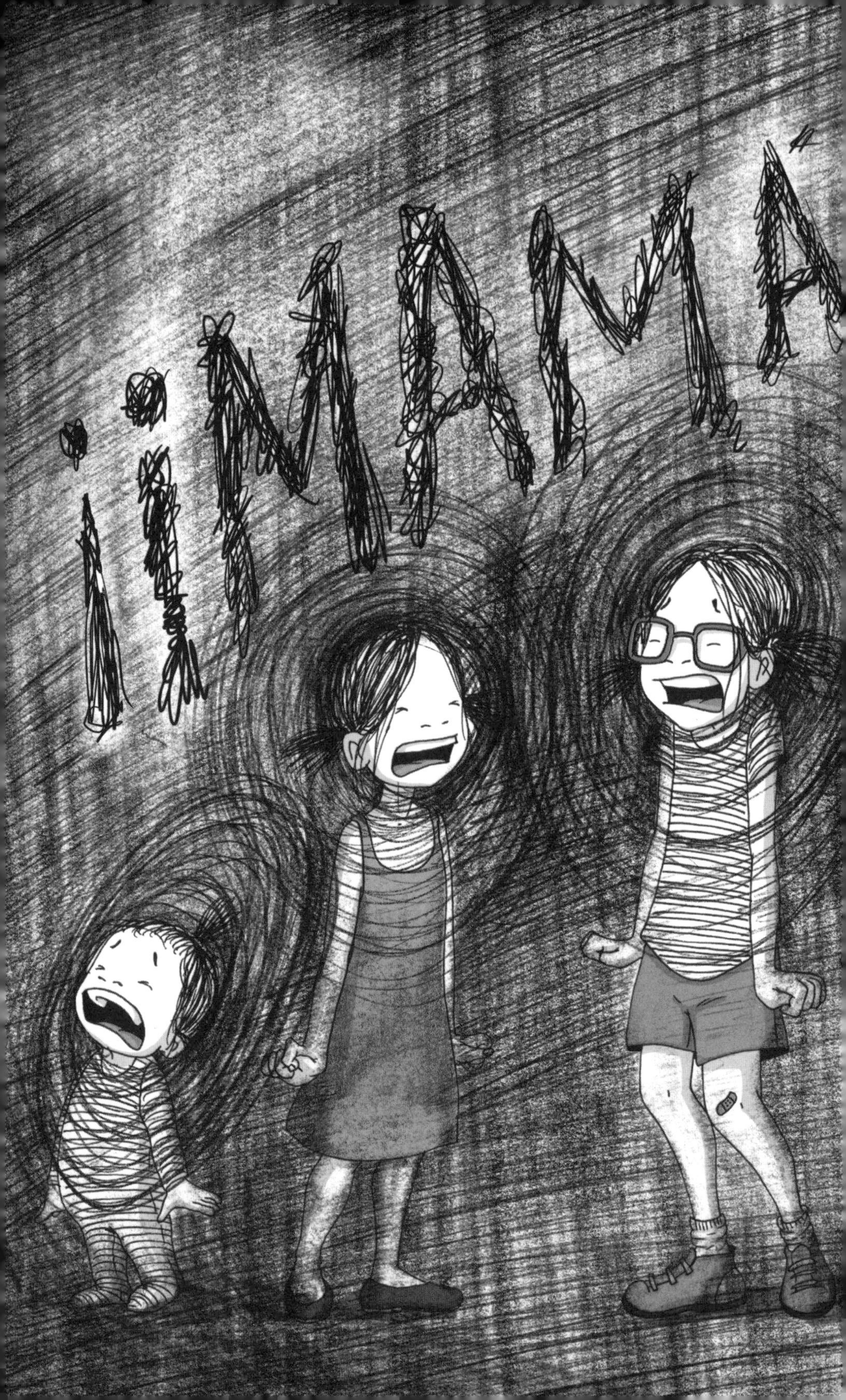
¡¡MAMÁ

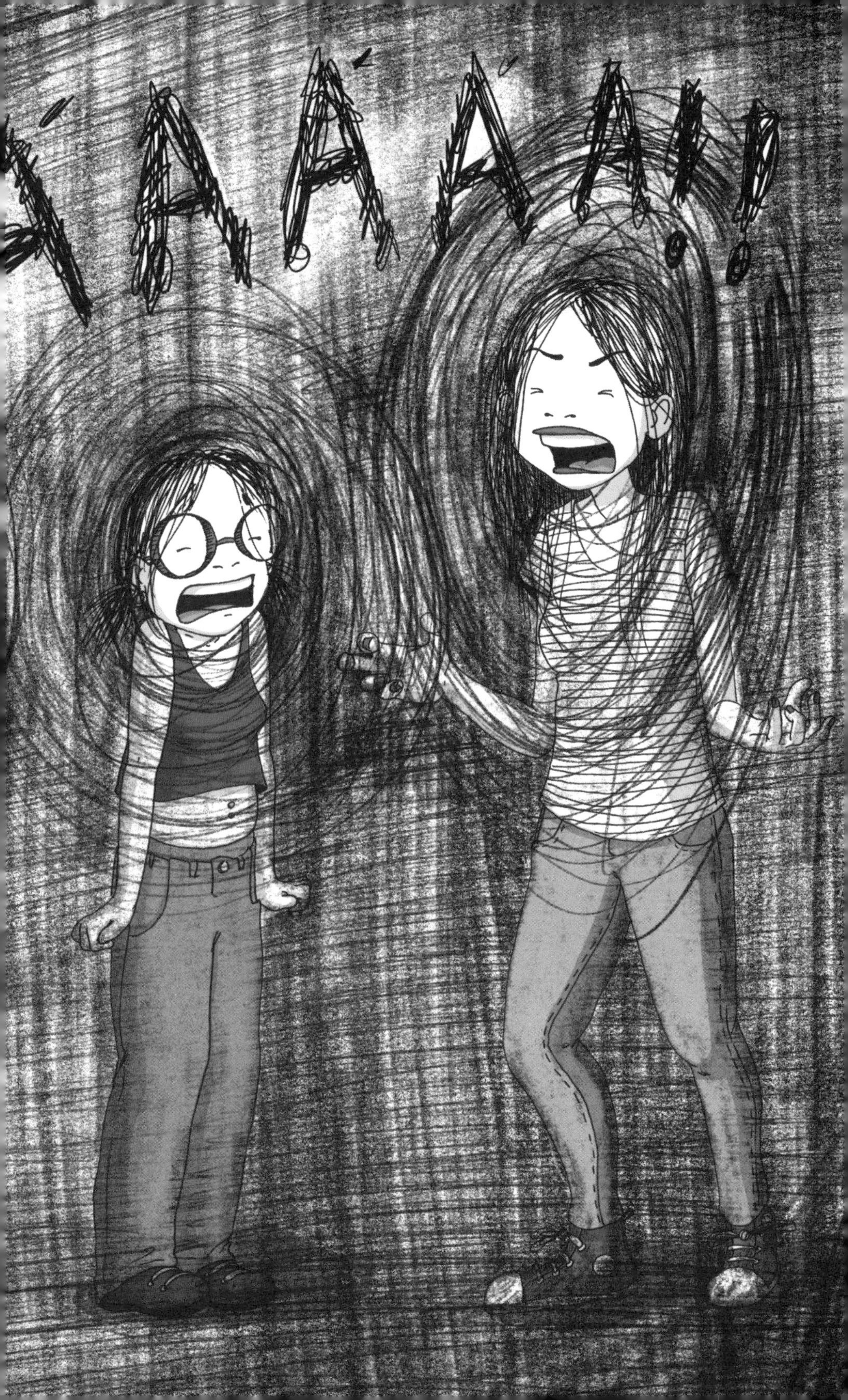
AAAAAH!

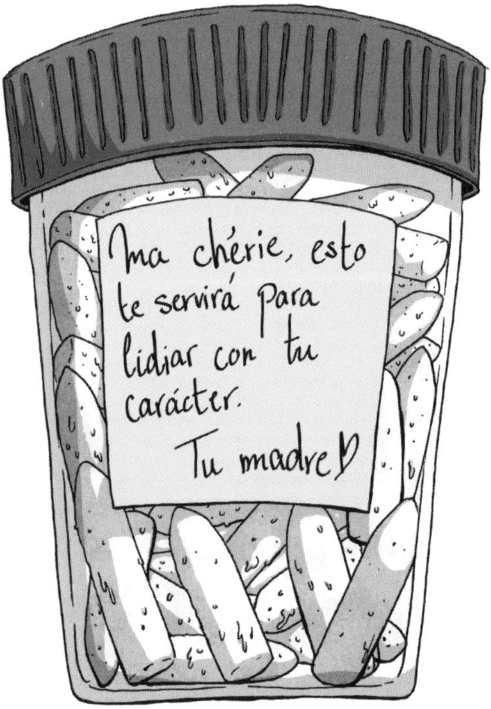
Ma chérie, esto te servirá para lidiar con tu carácter.
Tu madre ♥

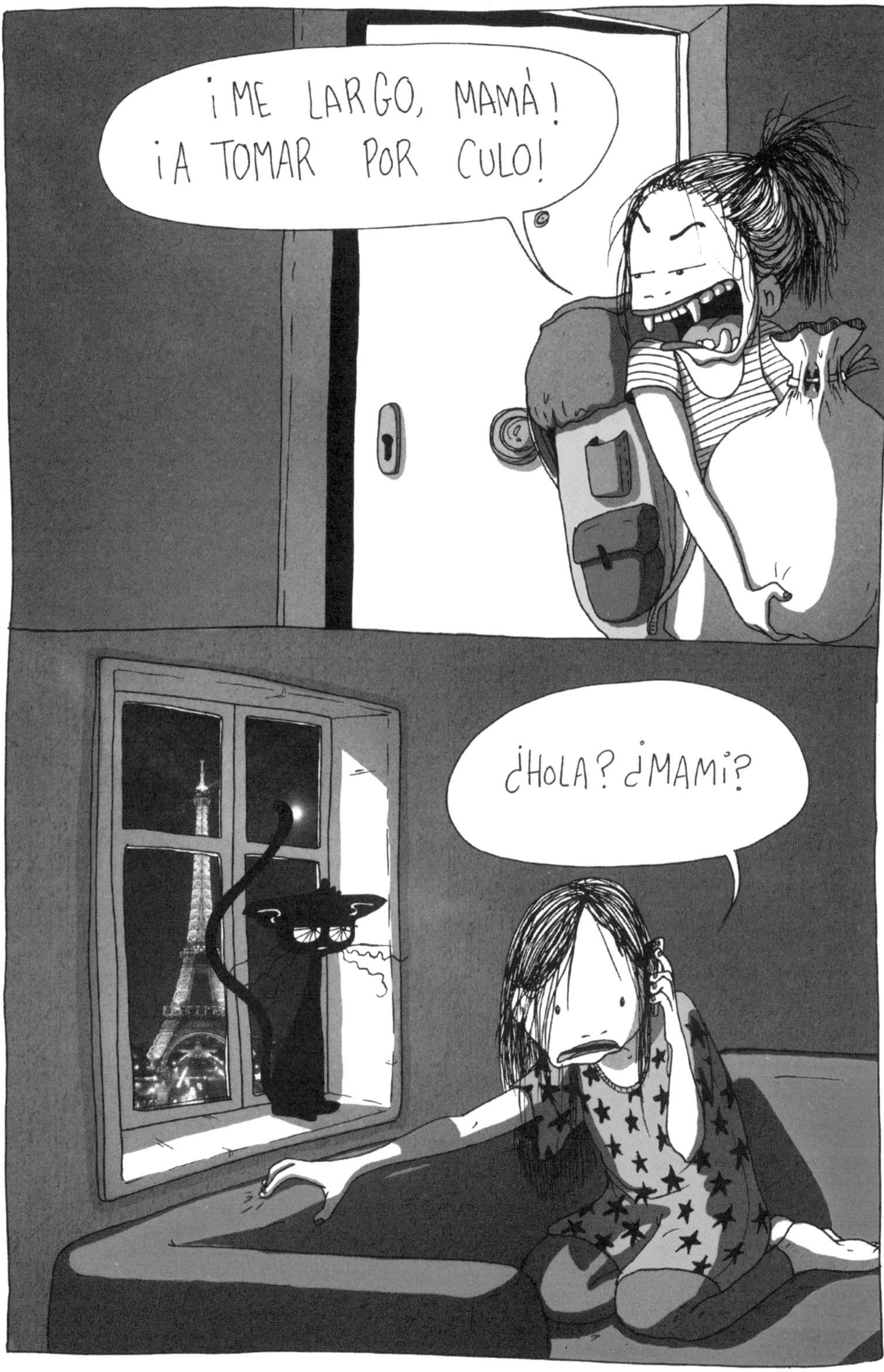
¡ME LARGO, MAMÁ! ¡A TOMAR POR CULO!
¿HOLA? ¿MAMI?

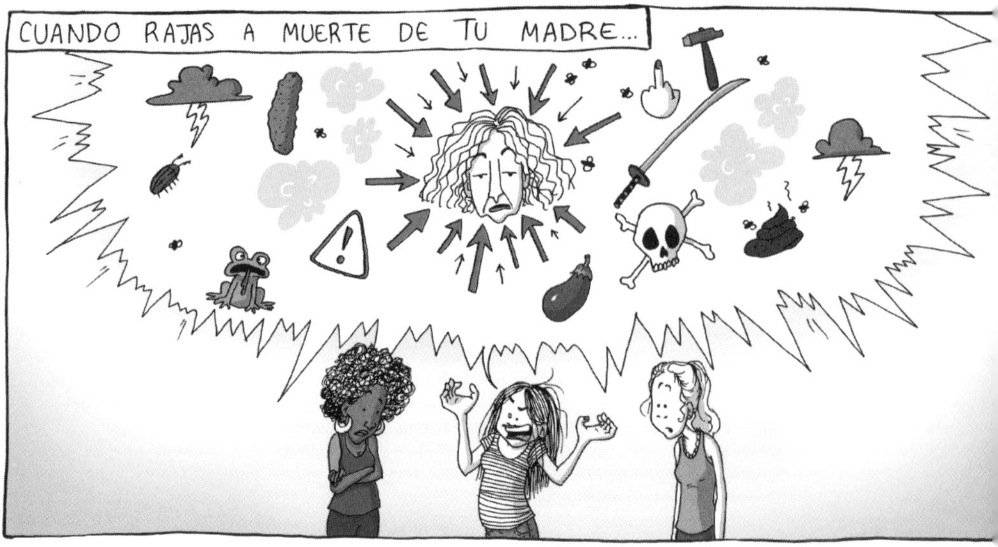
CUANDO RAJAS A MUERTE DE TU MADRE...

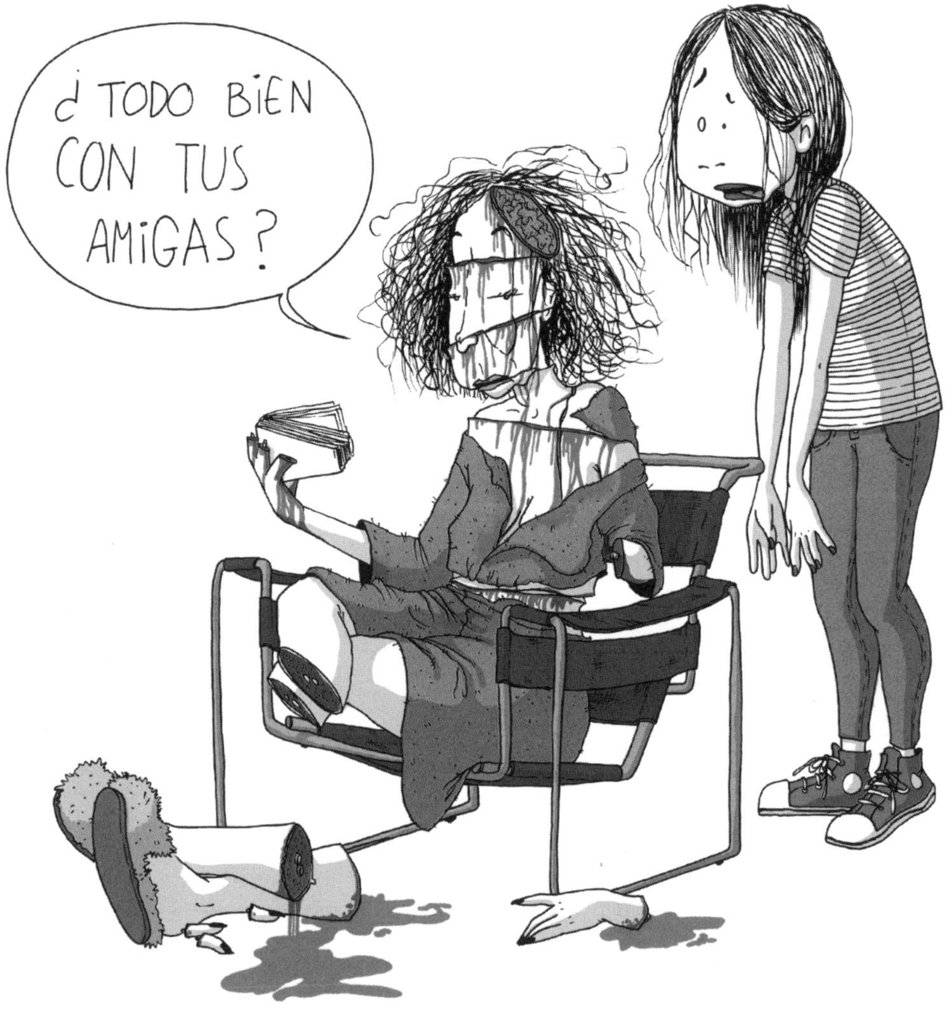
¿TODO BIEN CON TUS AMIGAS?

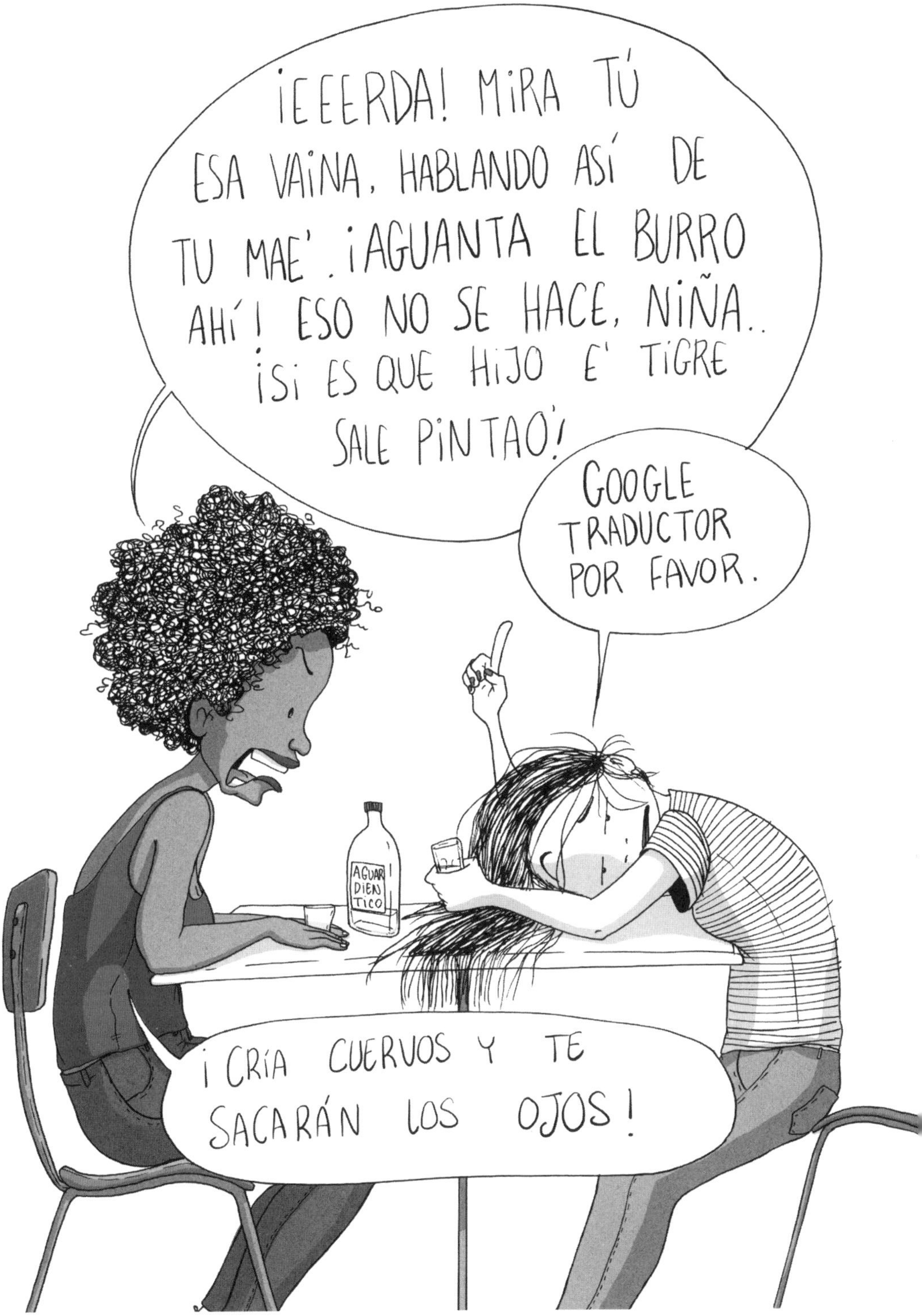
¡EEERDA! MIRA TÚ ESA VAINA, HABLANDO ASÍ DE TU MAE'. ¡AGUANTA EL BURRO AHÍ! ESO NO SE HACE, NIÑA.. ¡SI ES QUE HIJO E' TIGRE SALE PINTAO'!
GOOGLE TRADUCTOR POR FAVOR.
AGUARDIENTICO
¡CRÍA CUERVOS Y TE SACARÁN LOS OJOS!

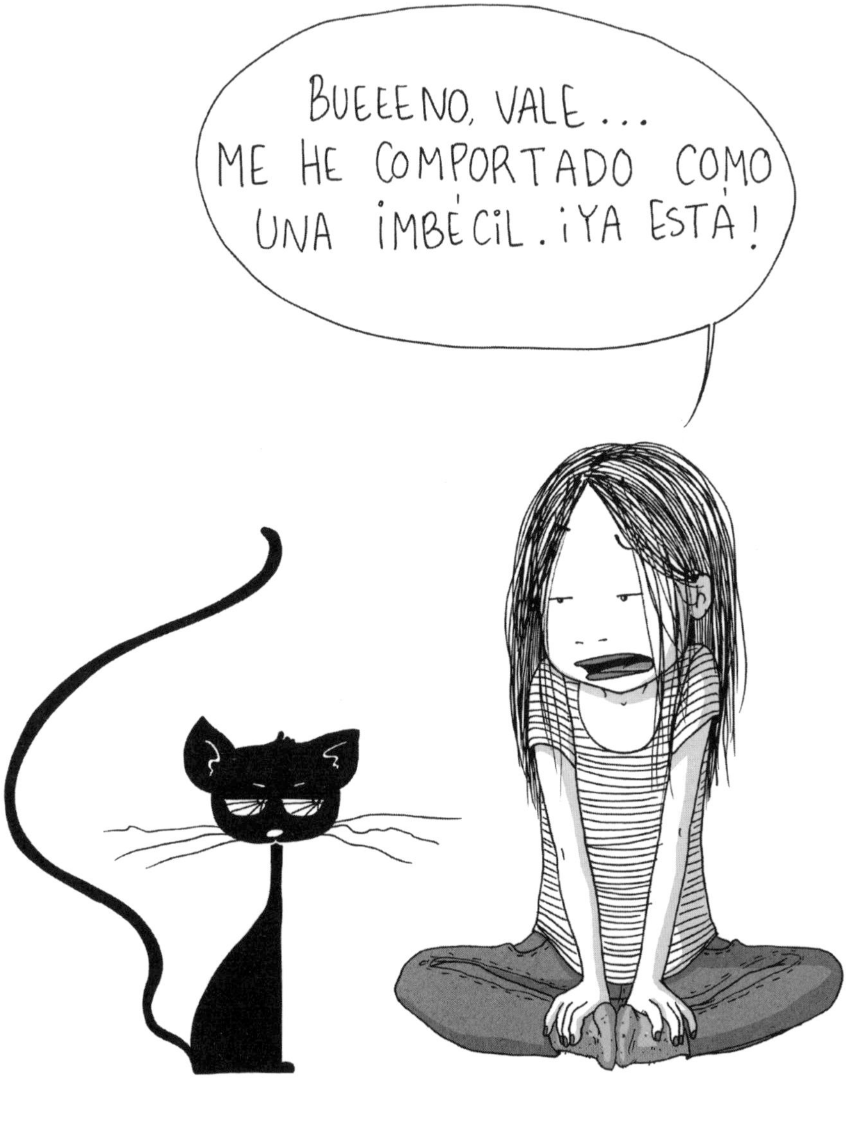
BUEEENO, VALE...
ME HE COMPORTADO COMO
UNA IMBÉCIL. ¡YA ESTÁ!

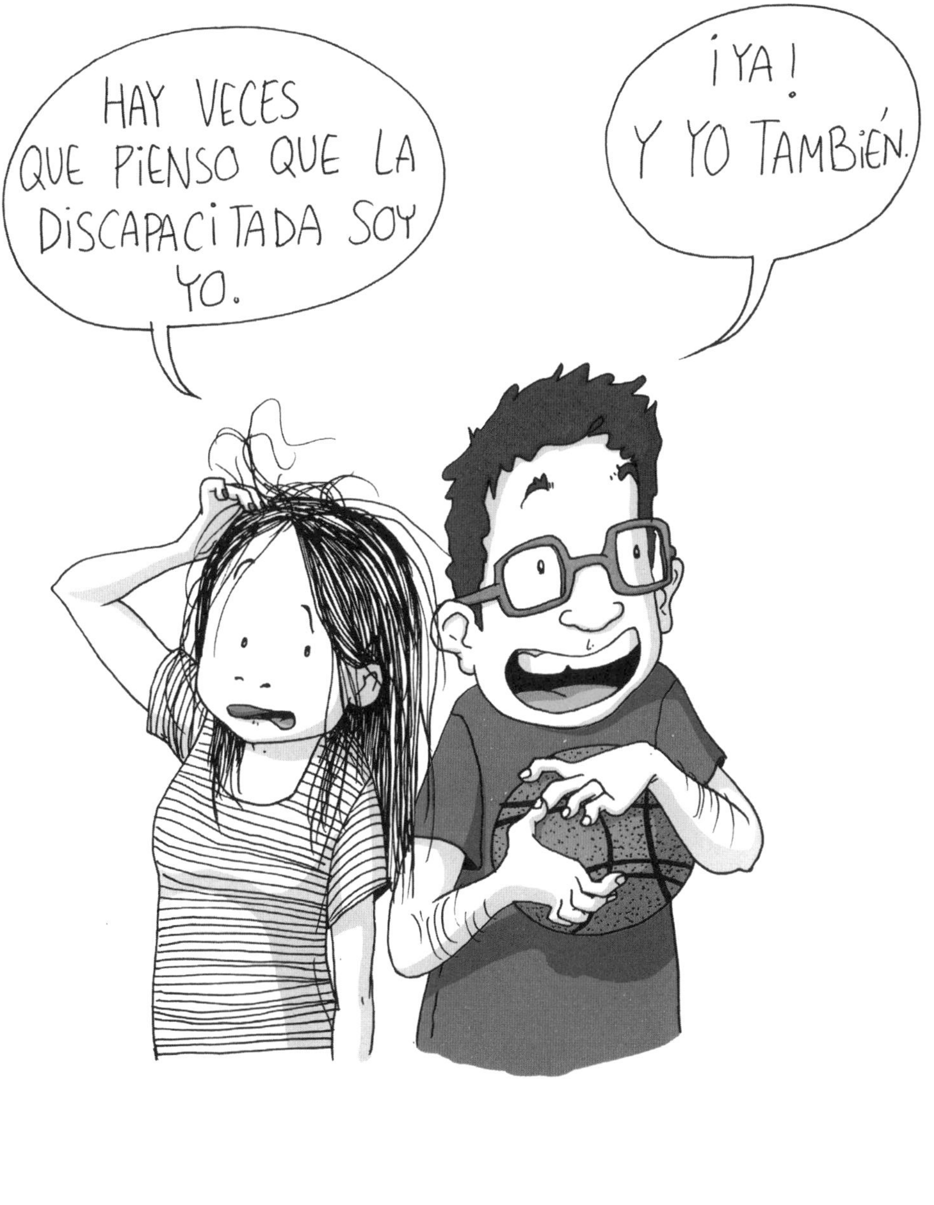
HAY VECES QUE PIENSO QUE LA DISCAPACITADA SOY YO.
¡YA! Y YO TAMBIÉN.

NO SONRÍO

PORQUE NO ME SALE DEL ESFUMATO.

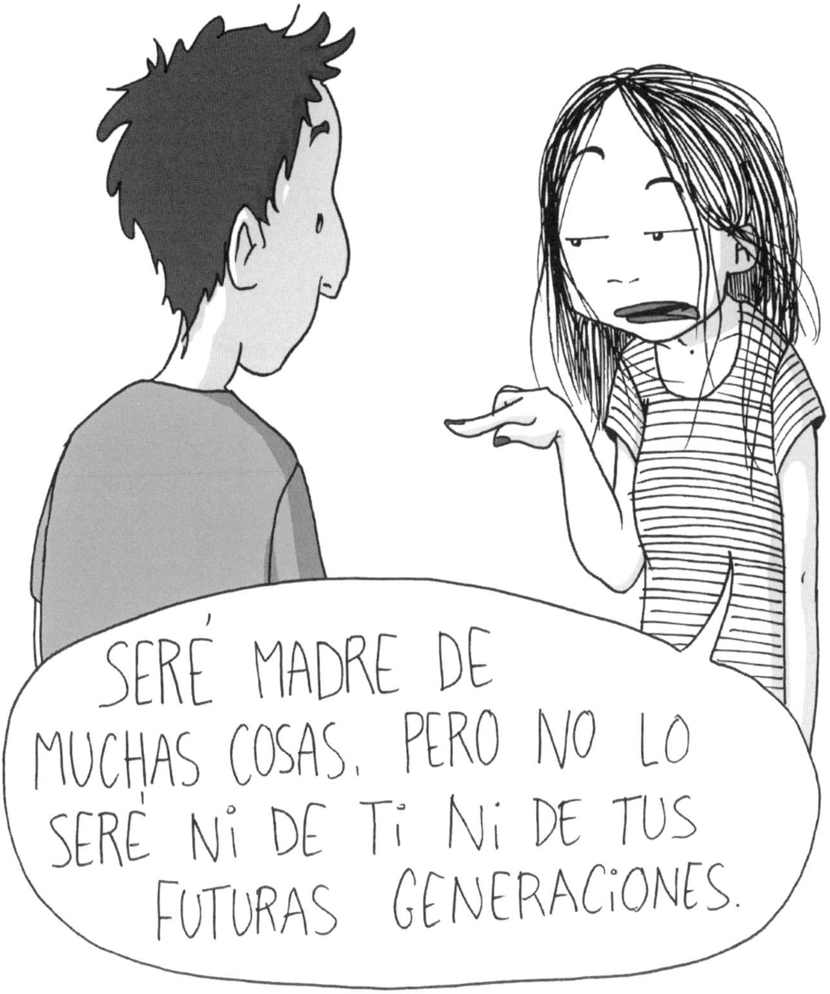
SERÉ MADRE DE MUCHAS COSAS. PERO NO LO SERÉ NI DE TI NI DE TUS FUTURAS GENERACIONES.

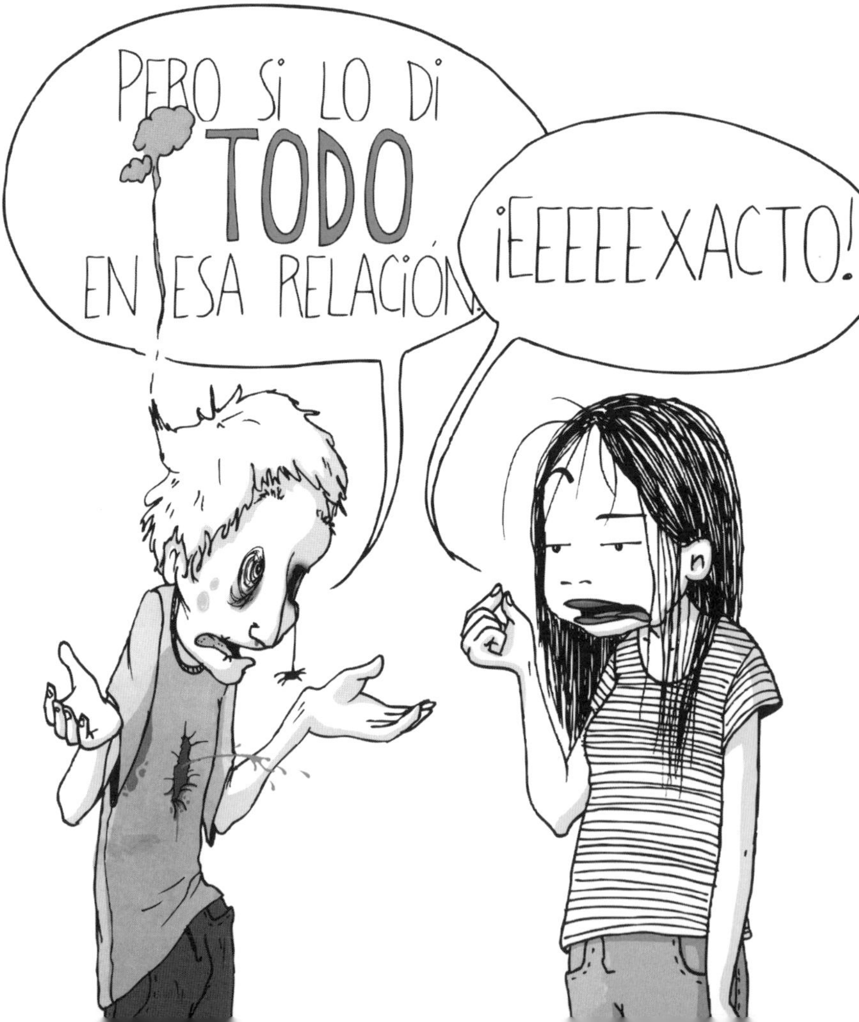
PERO SI LO DI
TODO
EN ESA RELACIÓN.
¡EEEEEXACTO!

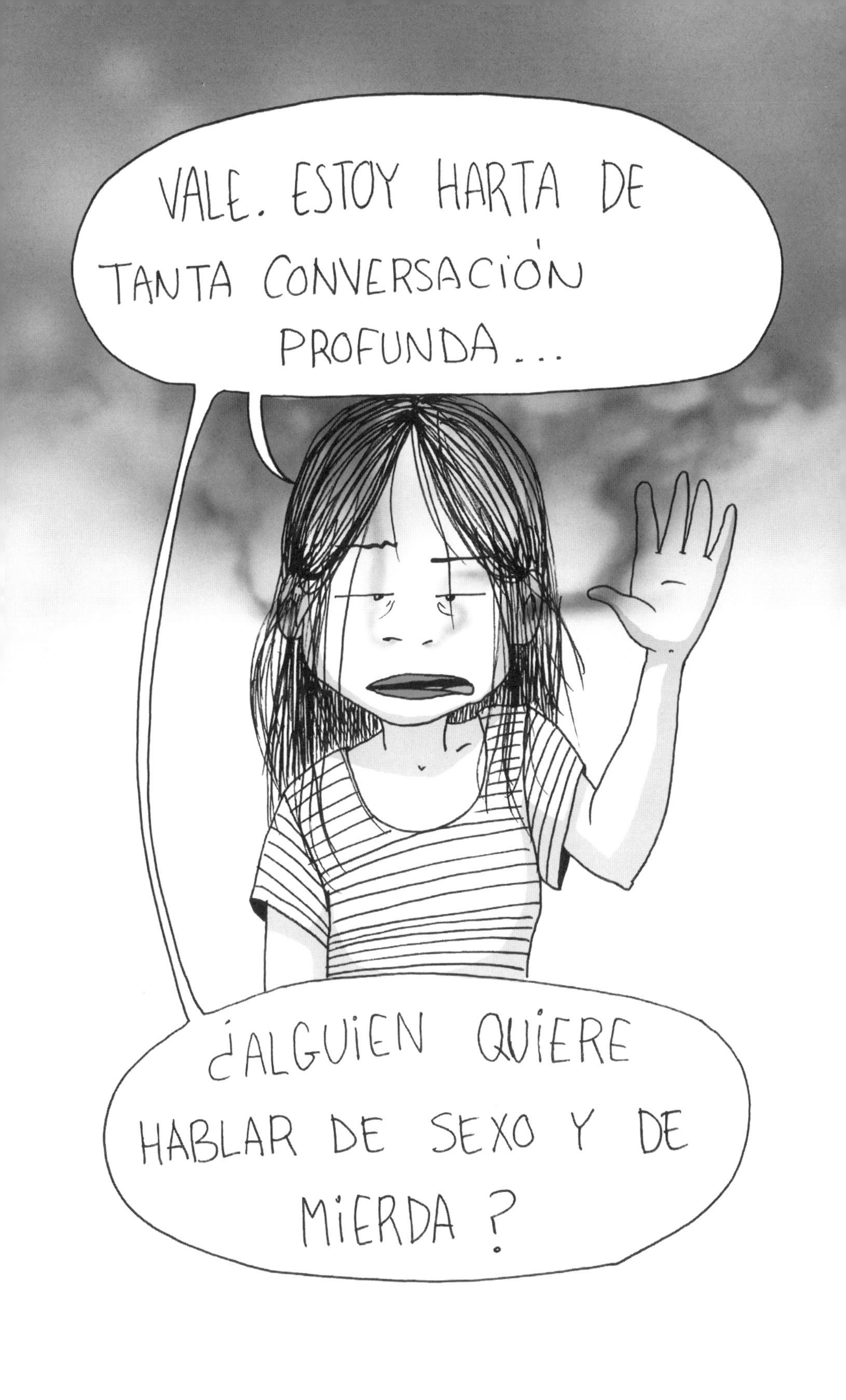
VALE. ESTOY HARTA DE TANTA CONVERSACIÓN PROFUNDA...
¿ALGUIEN QUIERE HABLAR DE SEXO Y DE MIERDA?

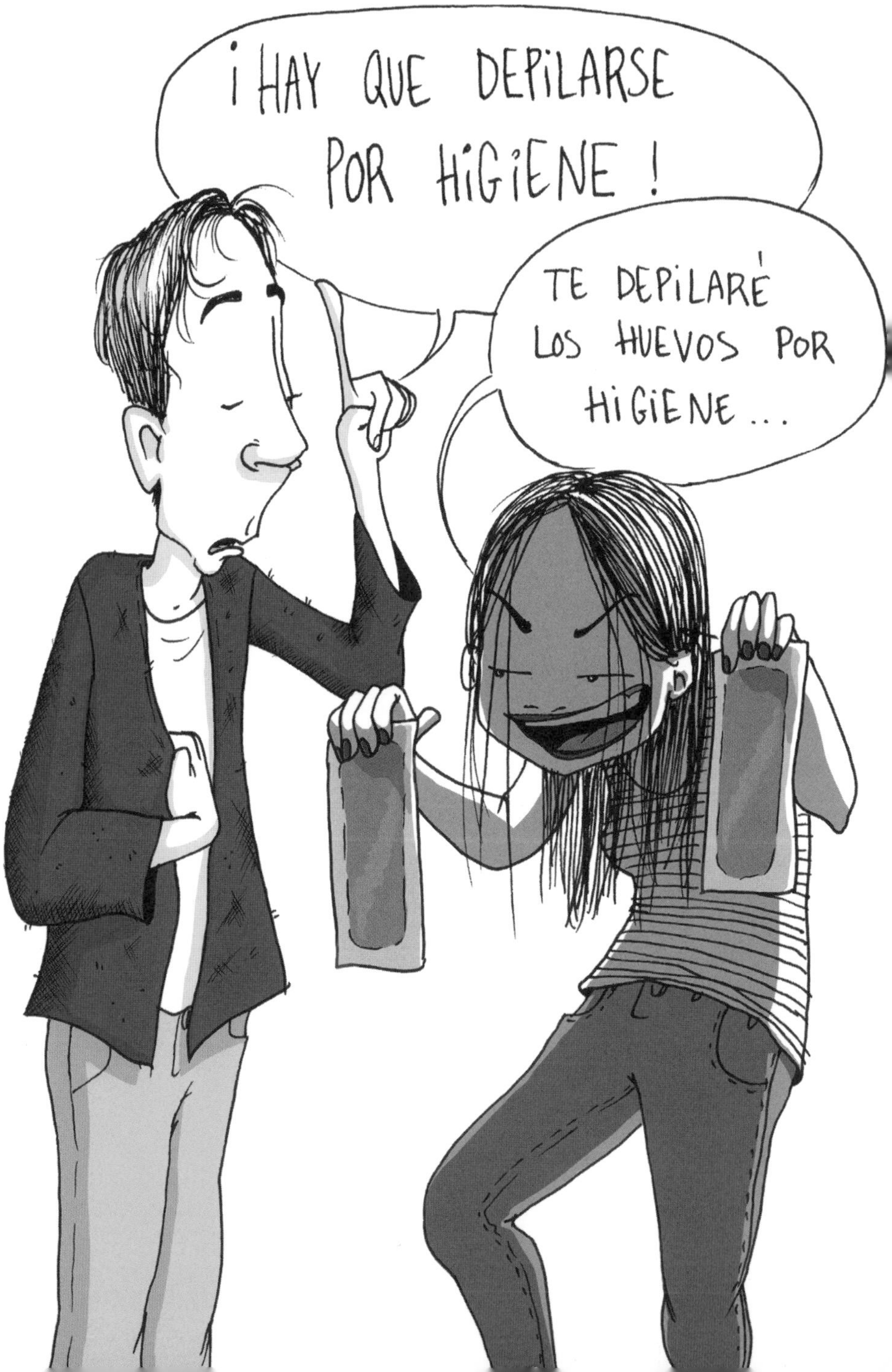
¡HAY QUE DEPILARSE POR HIGIENE!
TE DEPILARÉ LOS HUEVOS POR HIGIENE...

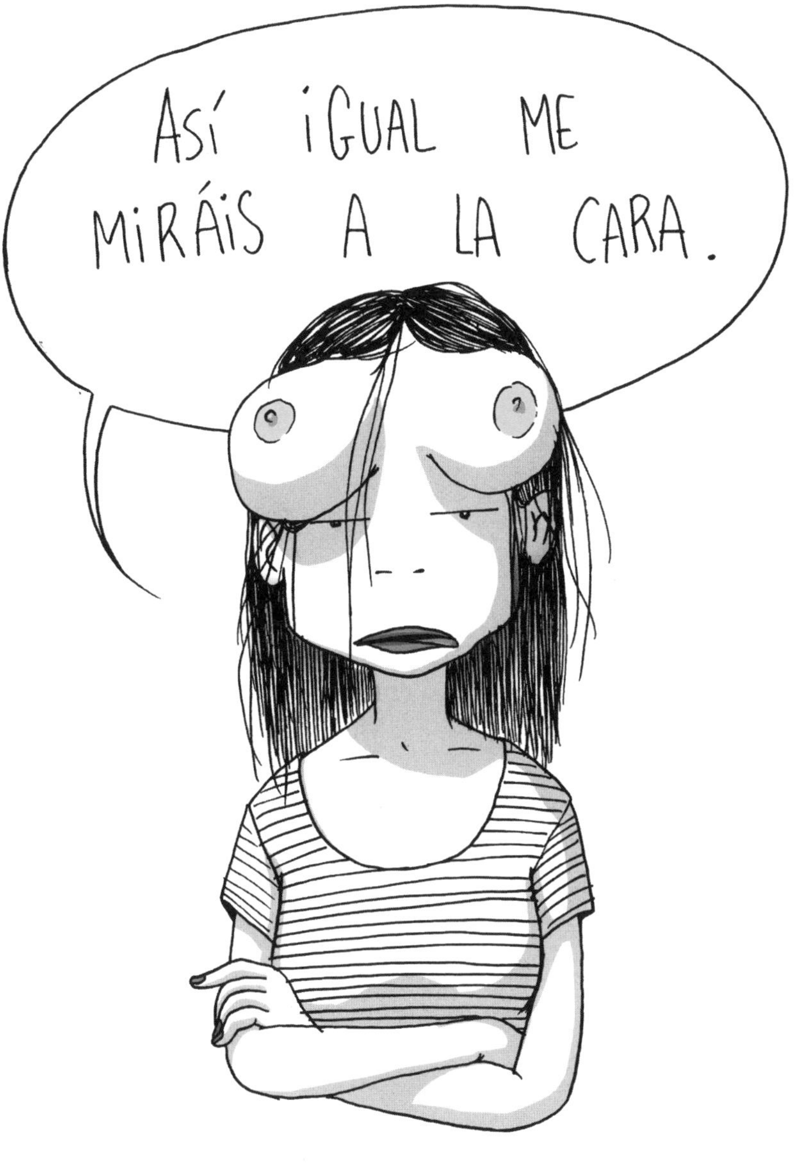
ASÍ IGUAL ME MIRÁIS A LA CARA.

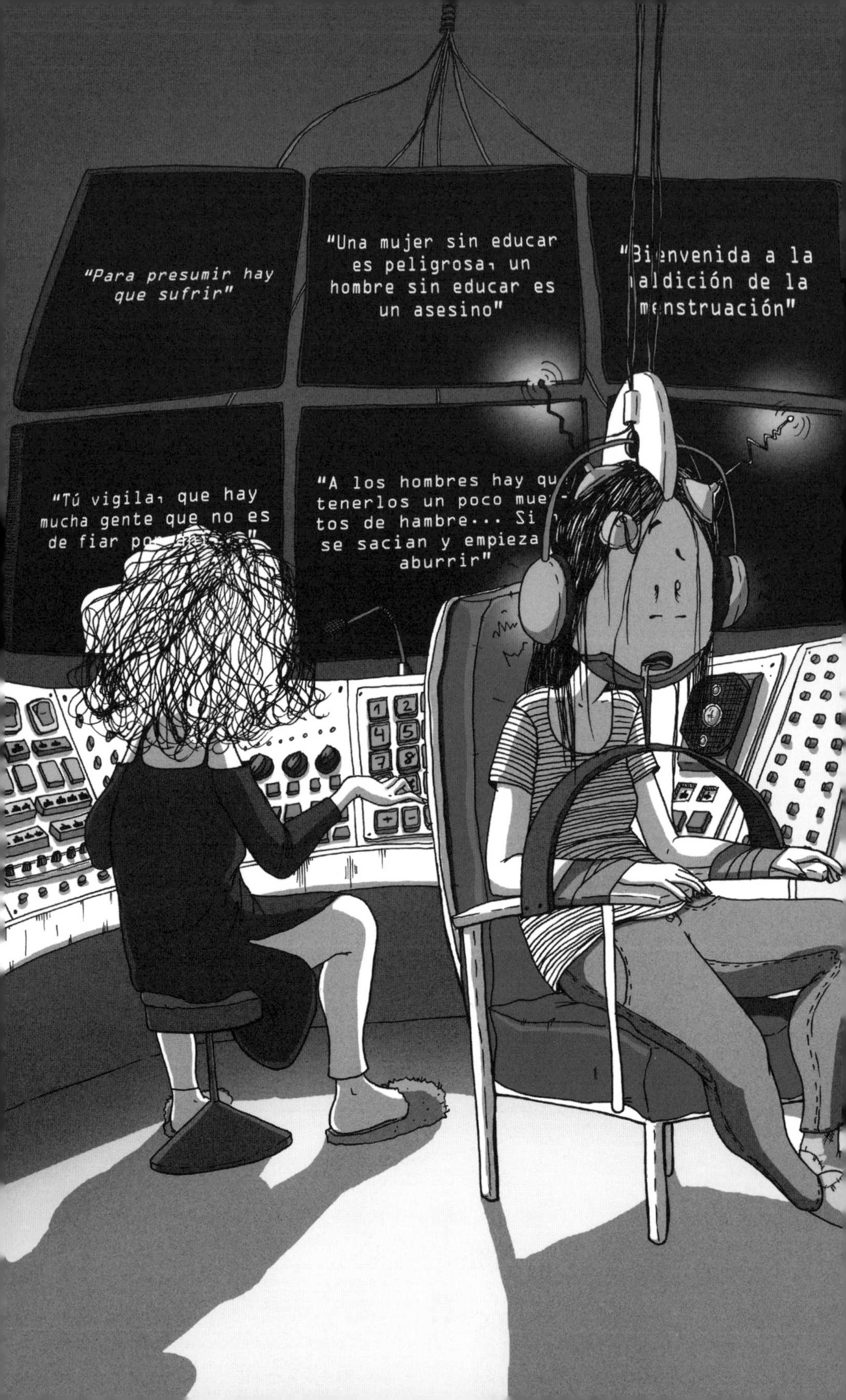
"Para presumir hay que sufrir"
"Una mujer sin educar es peligrosa, un hombre sin educar es un asesino"
"Bienvenida a la
aldición de la
menstruación"
"Tú vigila, que hay mucha gente que no es de fiar po
"A los hombres hay qu
tenerlos un poco mue
tos de hambre... Si
se sacian y empieza
aburrir"

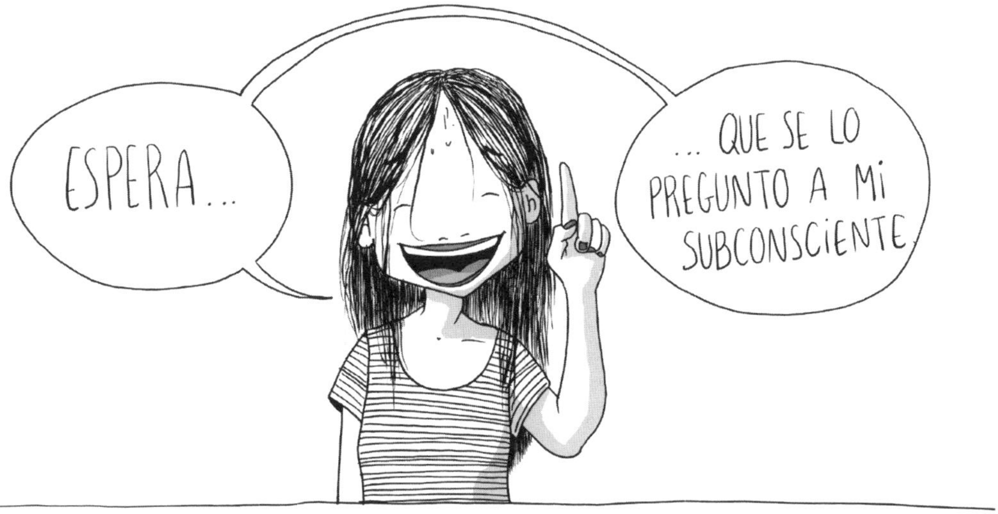
ESPERA...
... QUE SE LO PREGUNTO A MI SUBCONSCIENTE

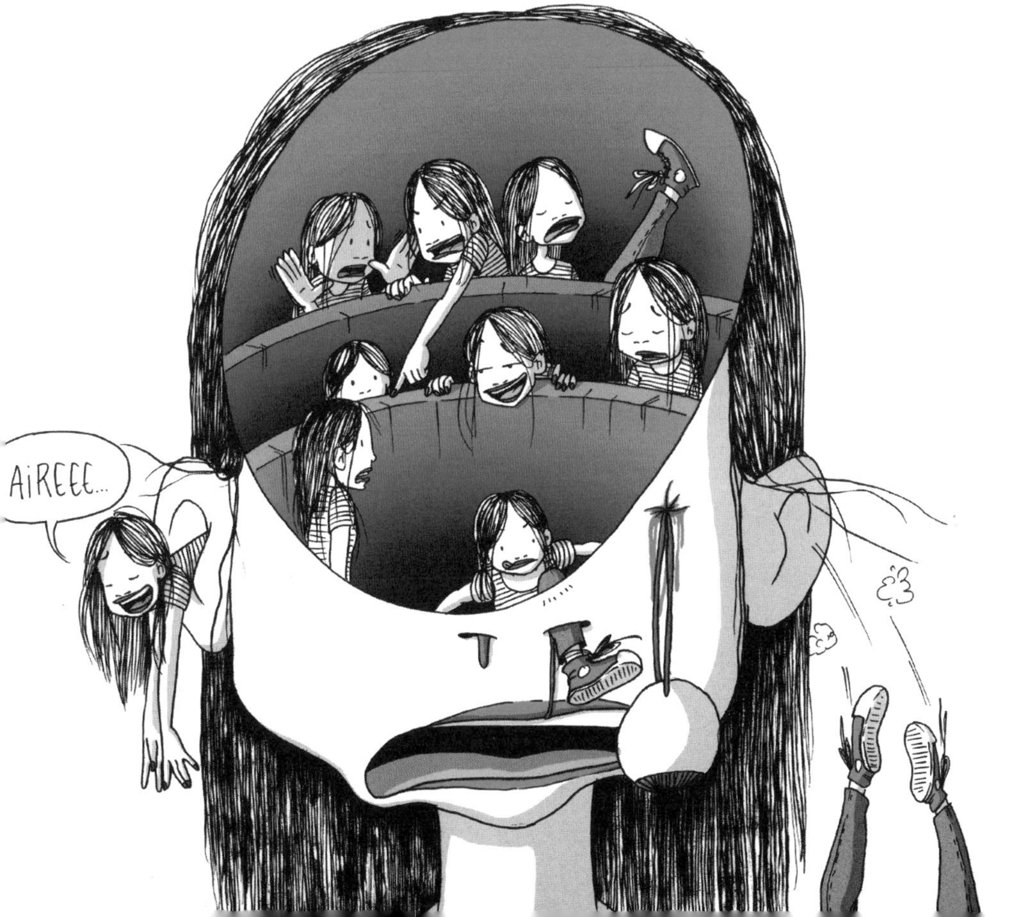
AIREEE...

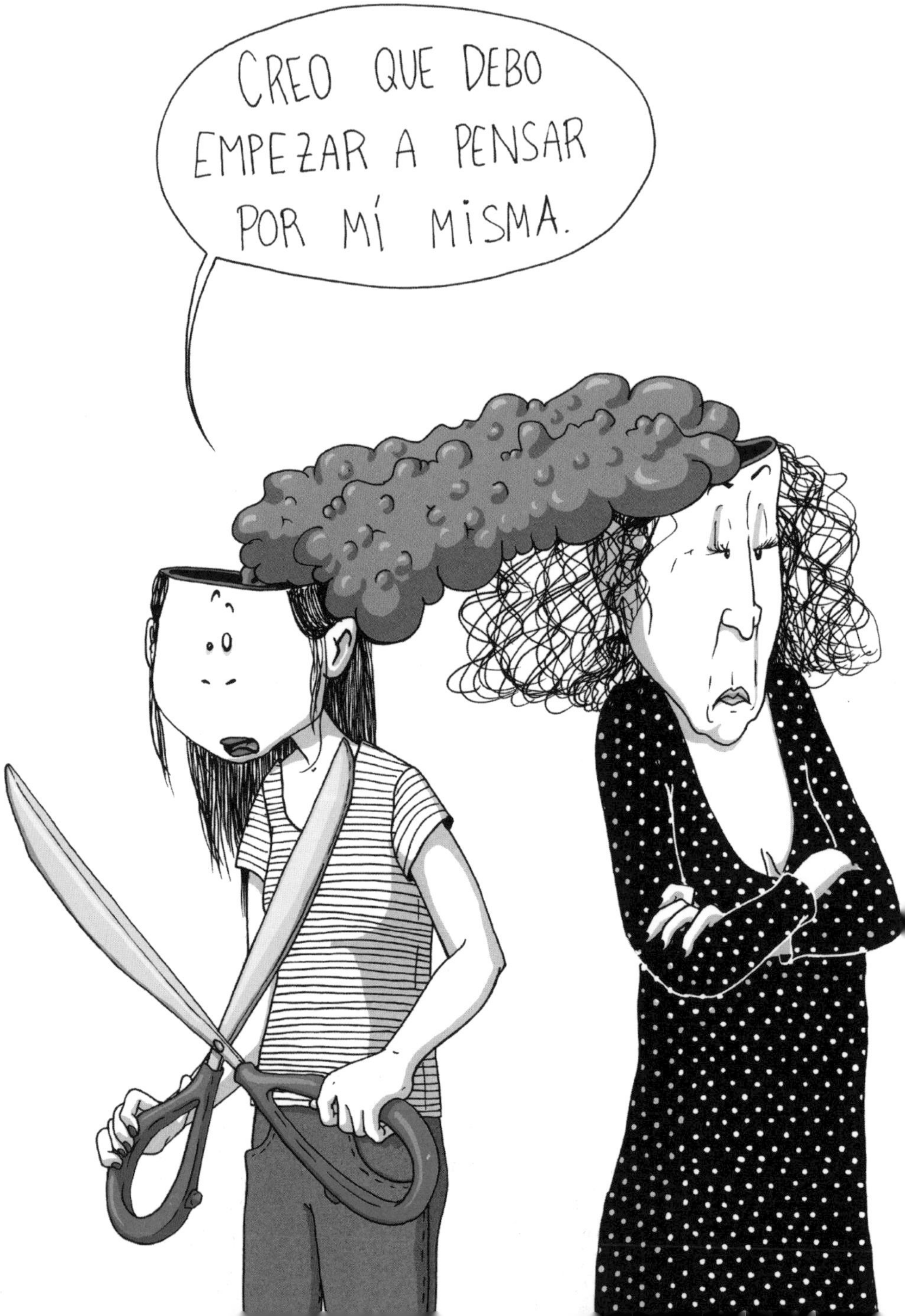
CREO QUE DEBO EMPEZAR A PENSAR POR MÍ MISMA.

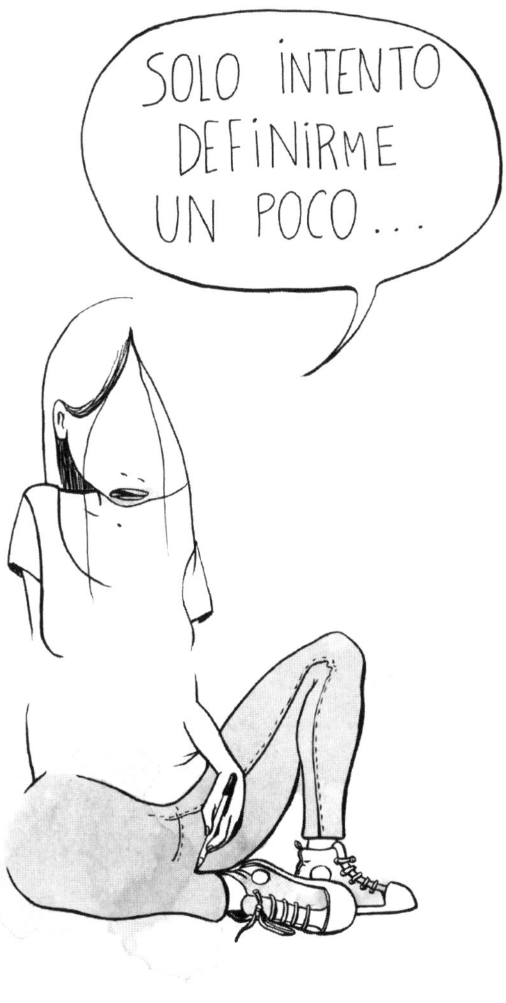
SOLO INTENTO DEFINIRME UN POCO...

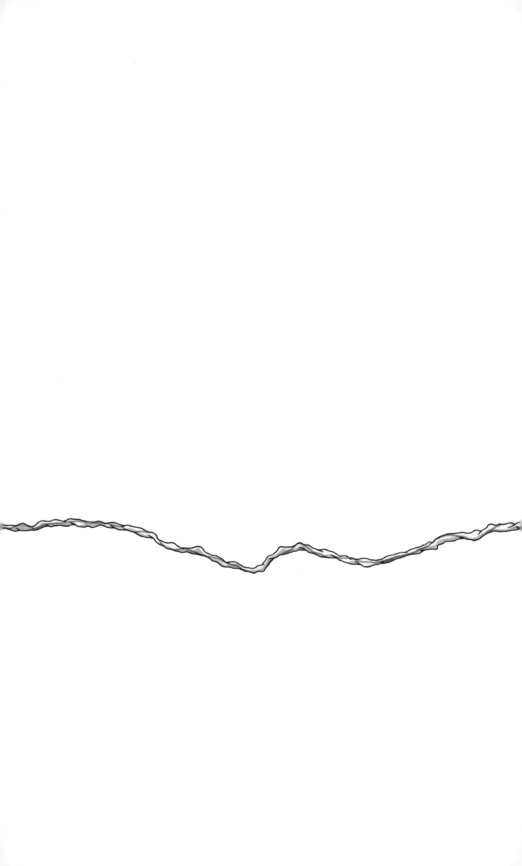

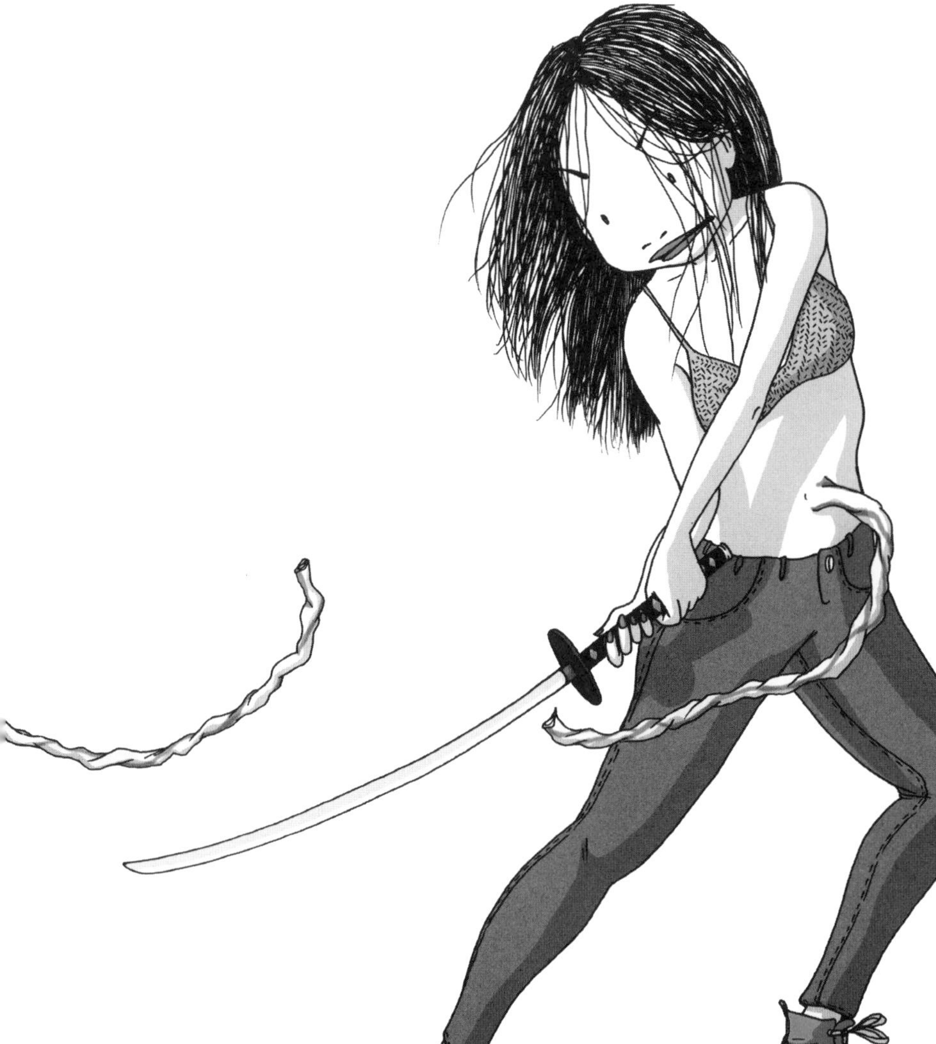

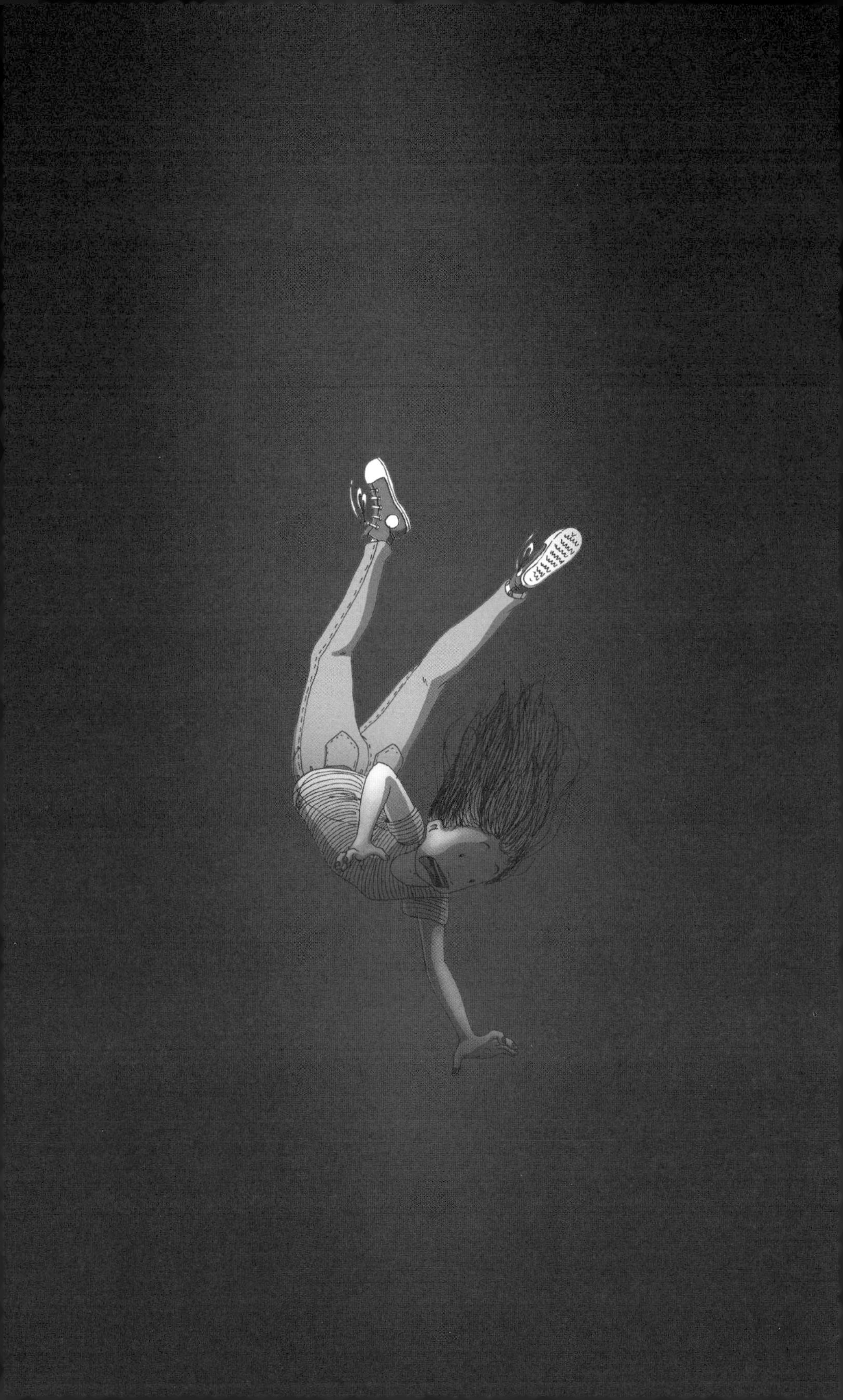

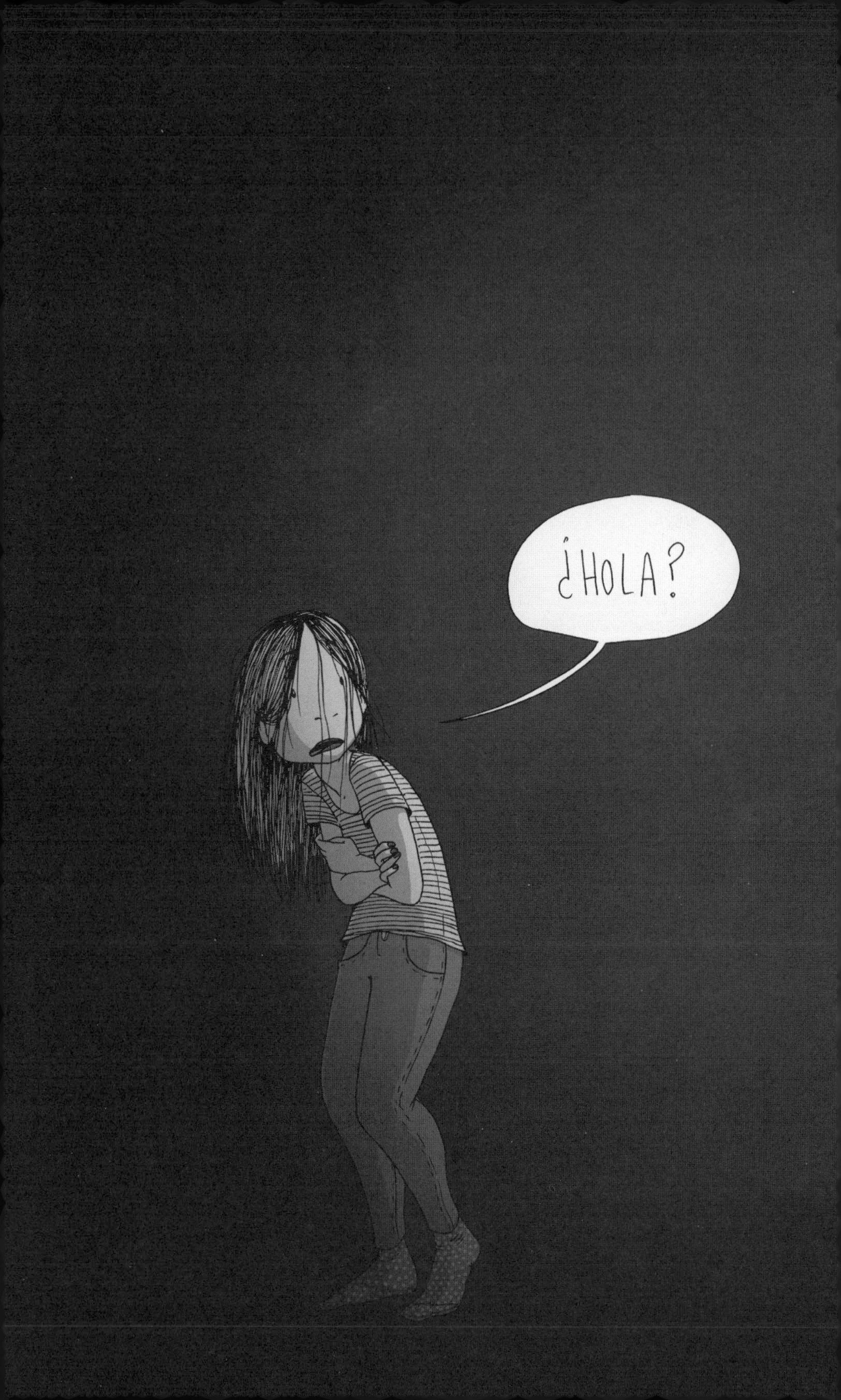
¿HOLA?

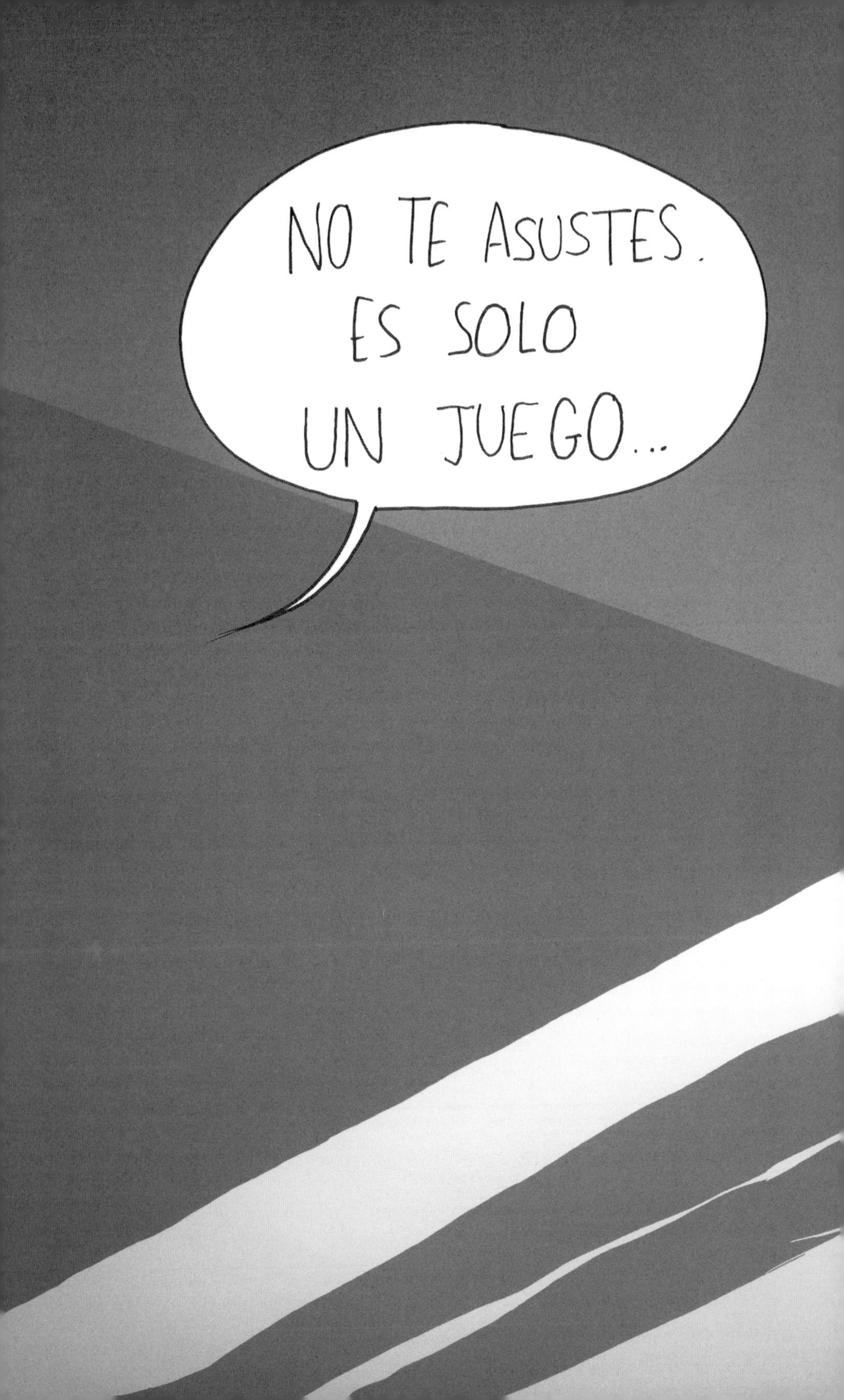
NO TE ASUSTES. ES SOLO UN JUEGO...

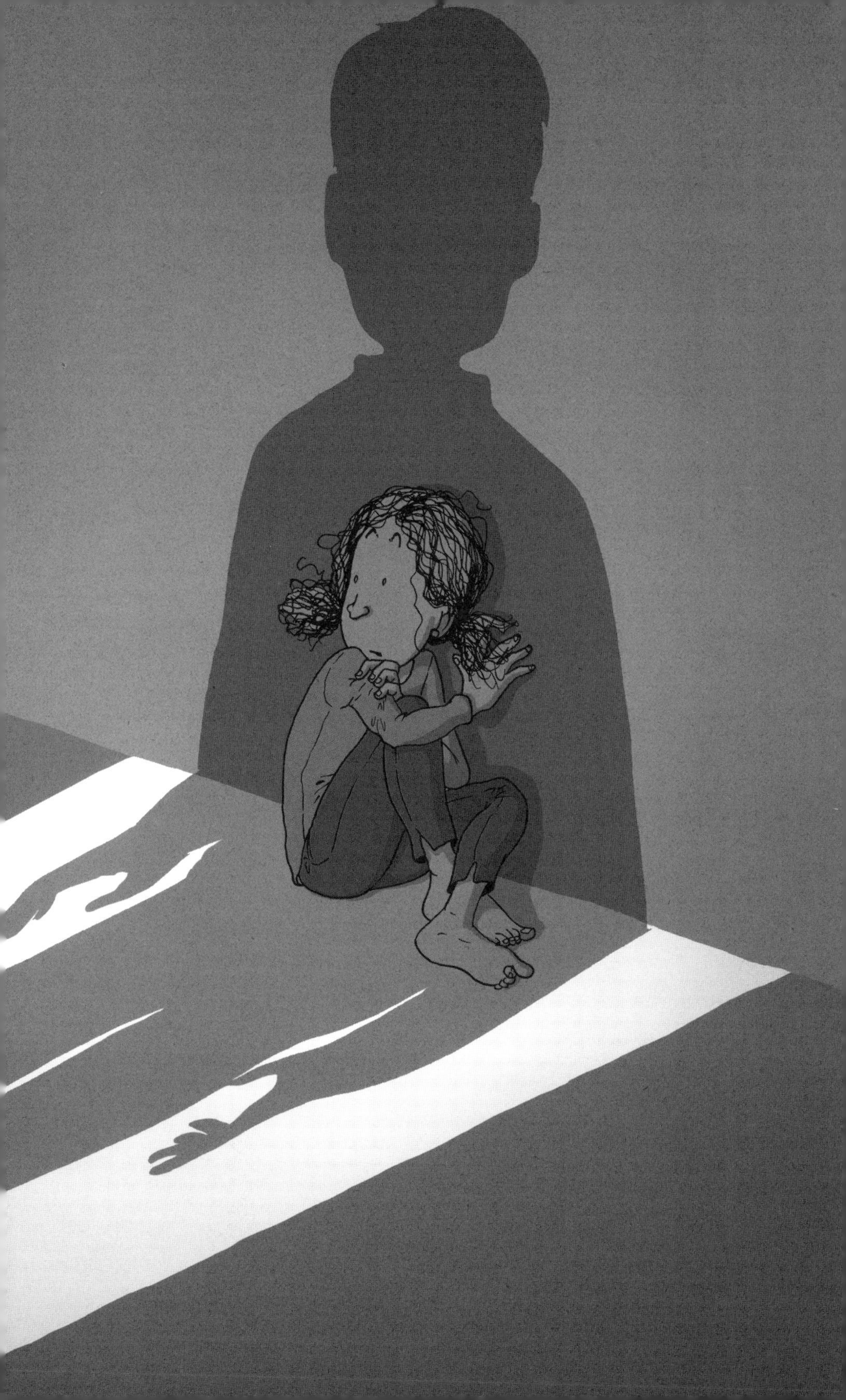

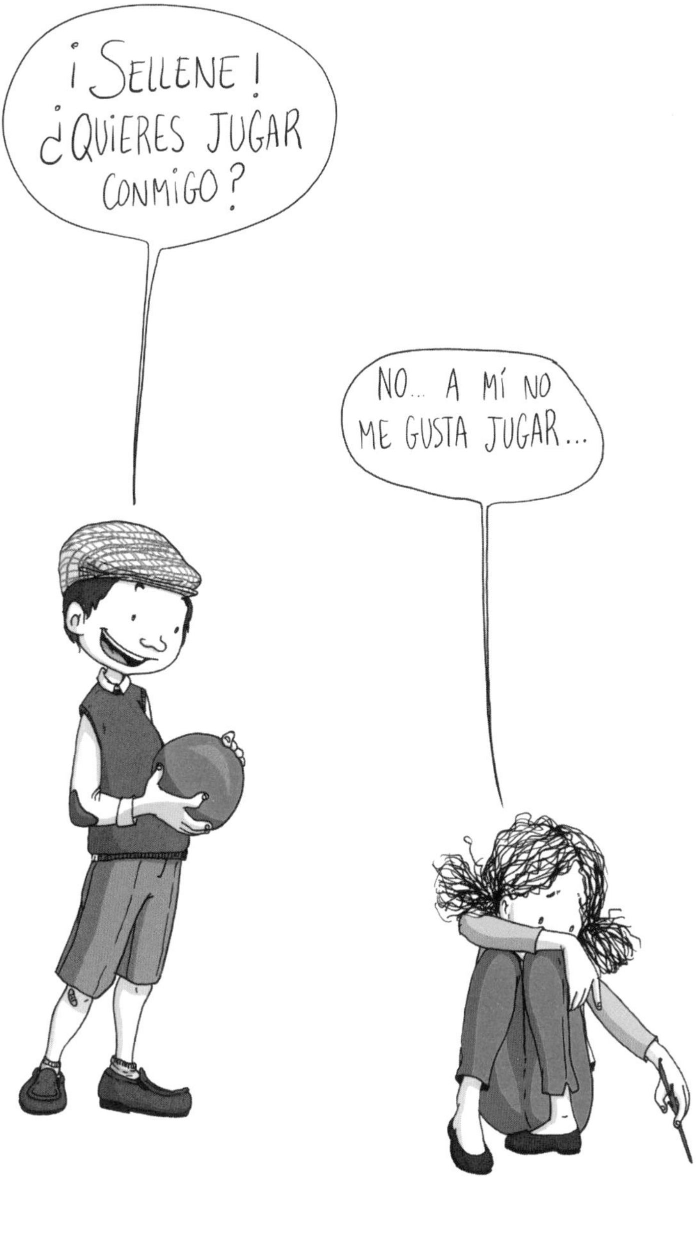
¡SELLENE!
¿QUIERES JUGAR CONMIGO?
NO... A MÍ NO ME GUSTA JUGAR...

SOY MÁS
GRANDE
QUE MIS
MIEDOS.

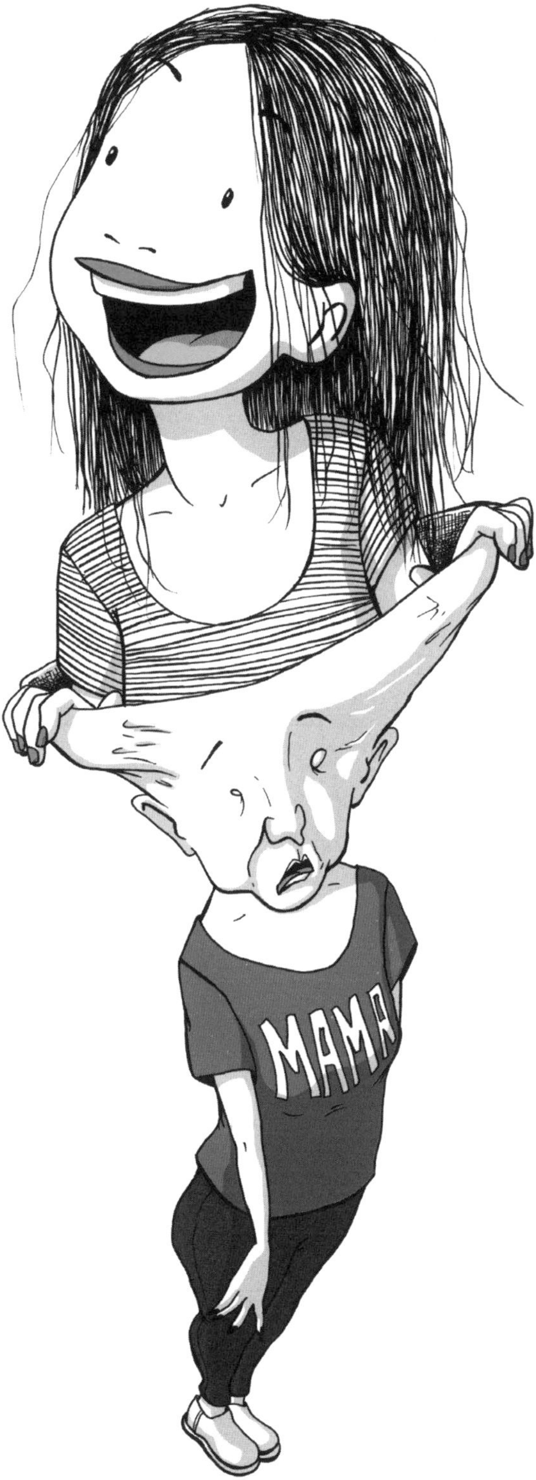
MAMA

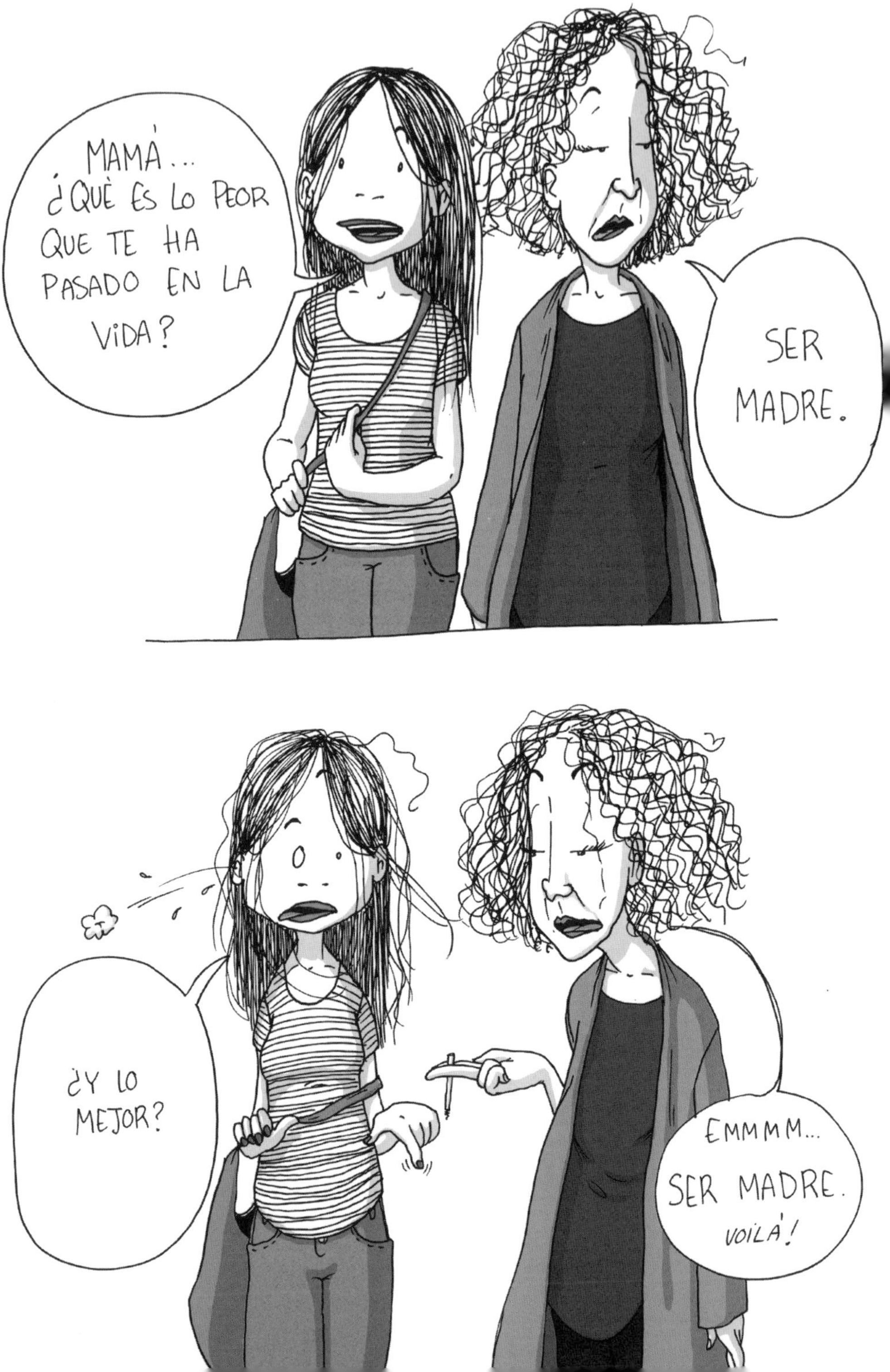
MAMÁ... ¿QUÉ ES LO PEOR QUE TE HA PASADO EN LA VIDA?
SER MADRE.
¿Y LO MEJOR?
EMMMM... SER MADRE. VOILÀ!

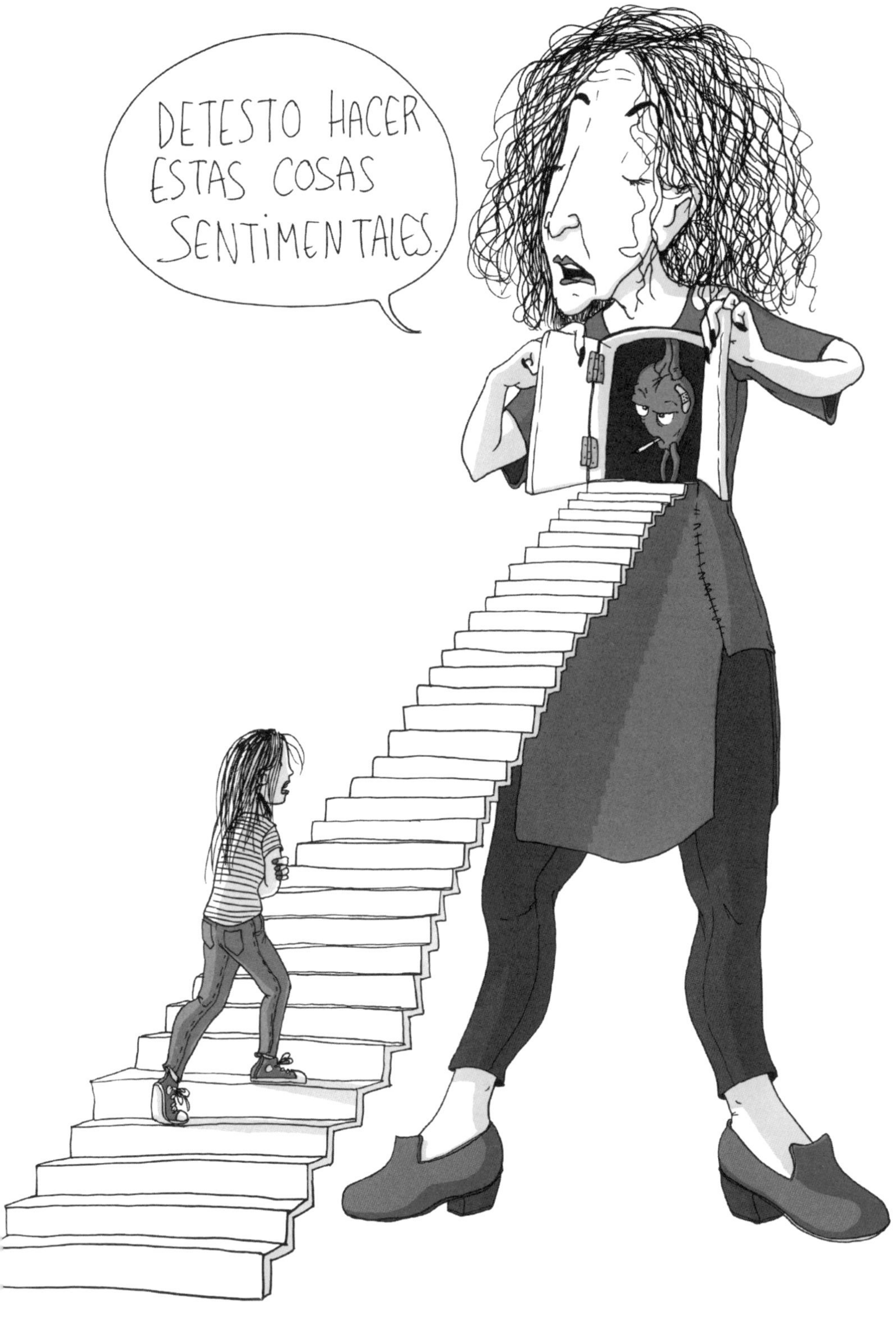
DETESTO HACER ESTAS COSAS SENTIMENTALES.

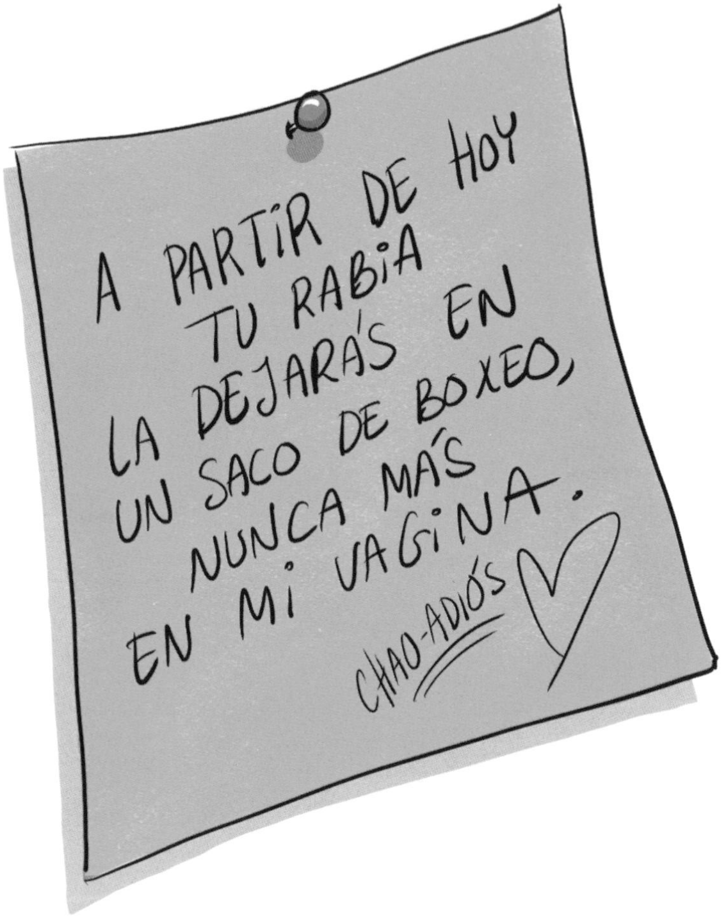
A PARTIR DE HOY
TU RABIA
LA DEJARÁS EN
UN SACO DE BOXEO,
NUNCA MÁS
EN MI VAGINA.
CHAO-ADIÓS

NOS QUEREMOS VIVAS

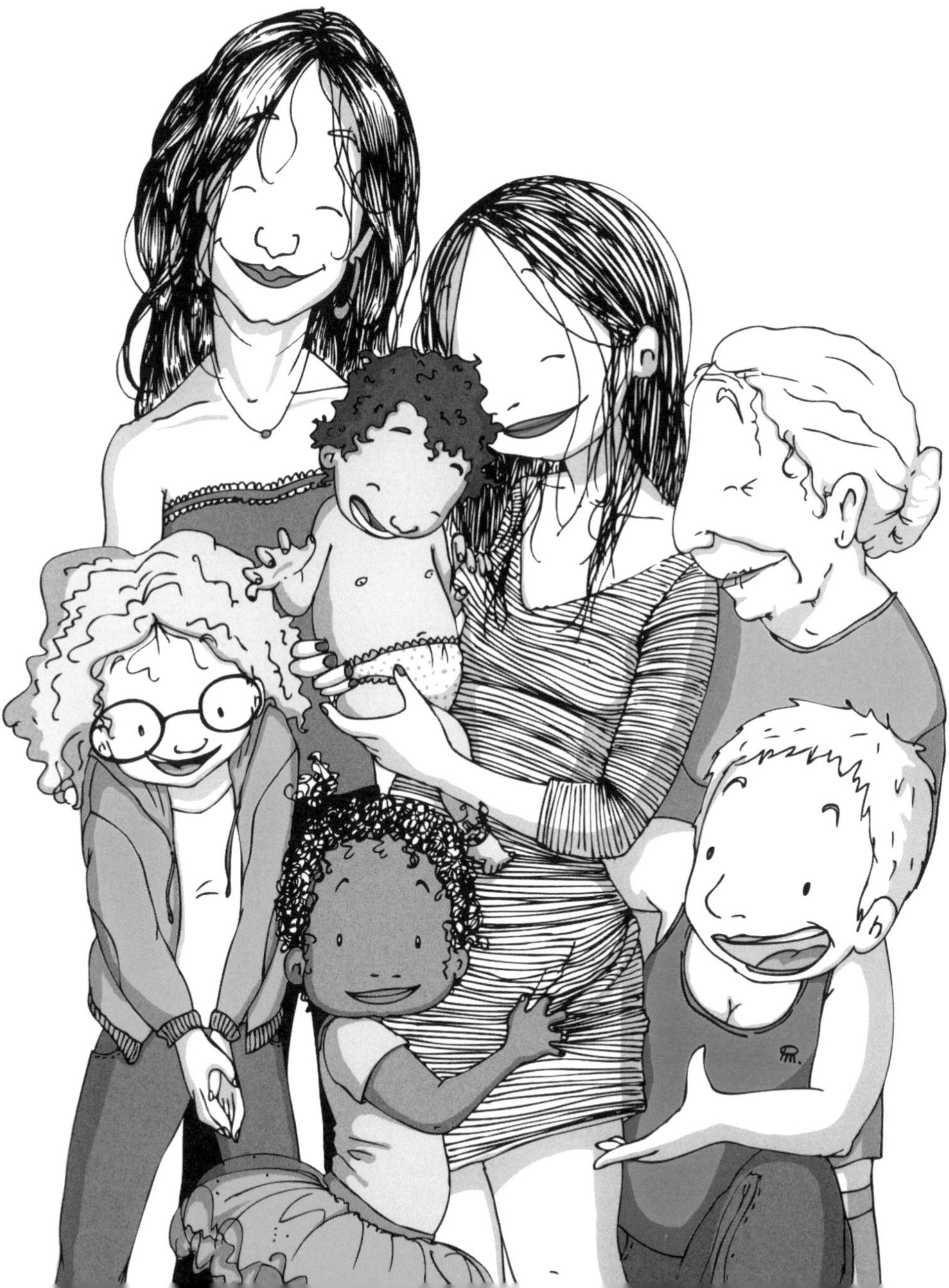

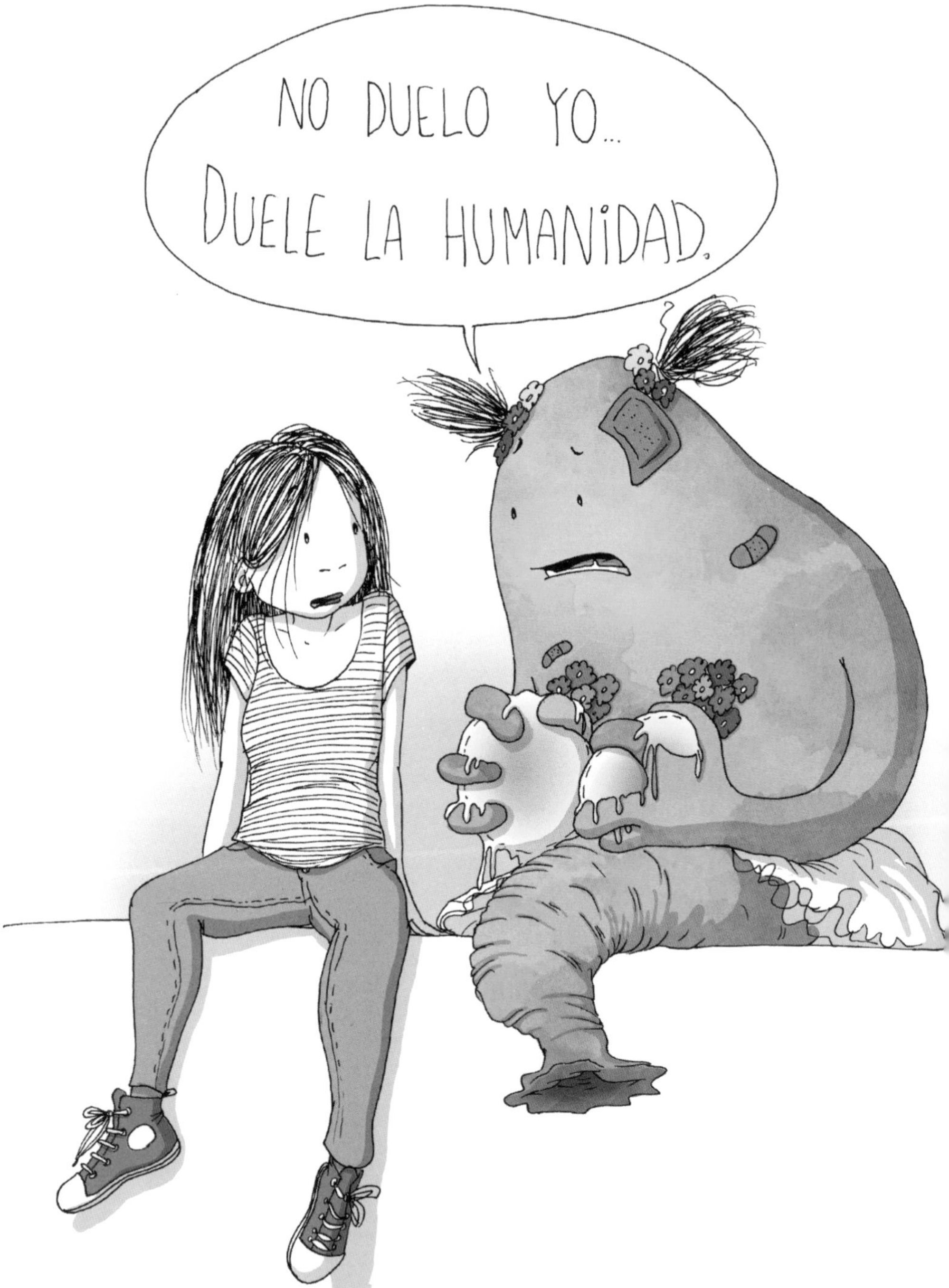
NO DUELO YO...
DUELE LA HUMANIDAD.

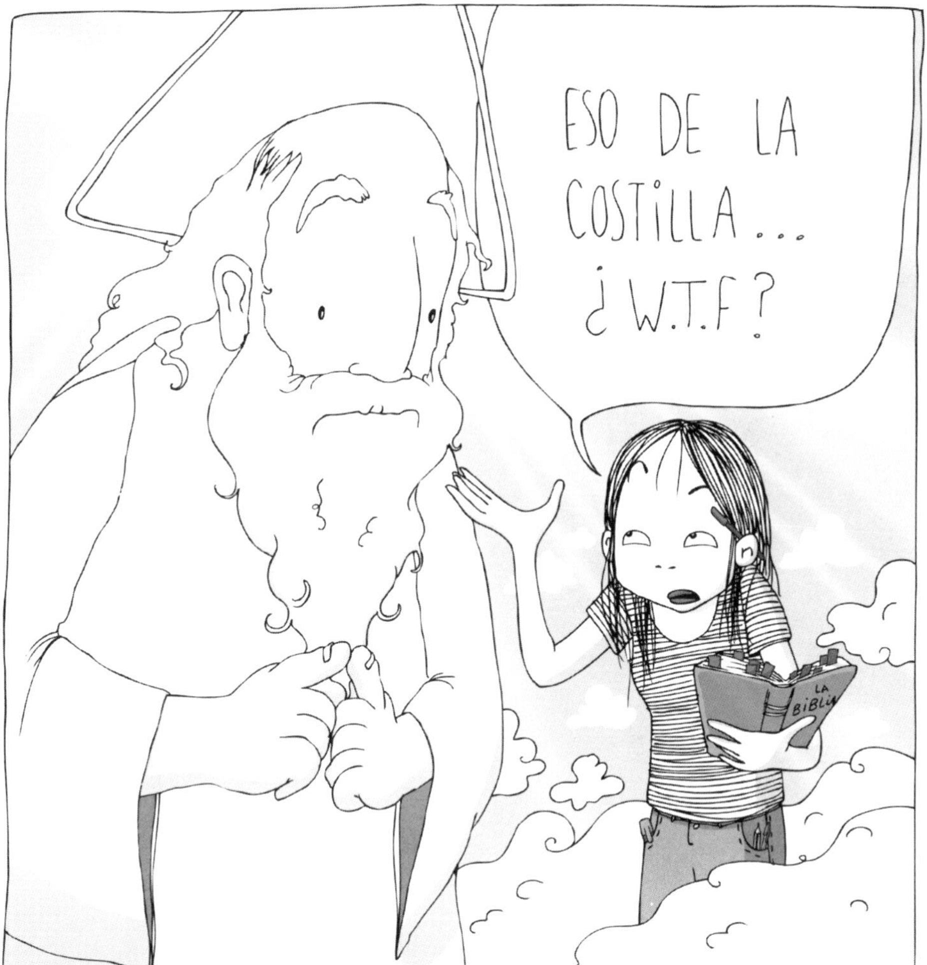
ESO DE LA COSTILLA... ¿W.T.F?
LA BIBLIA
10/15

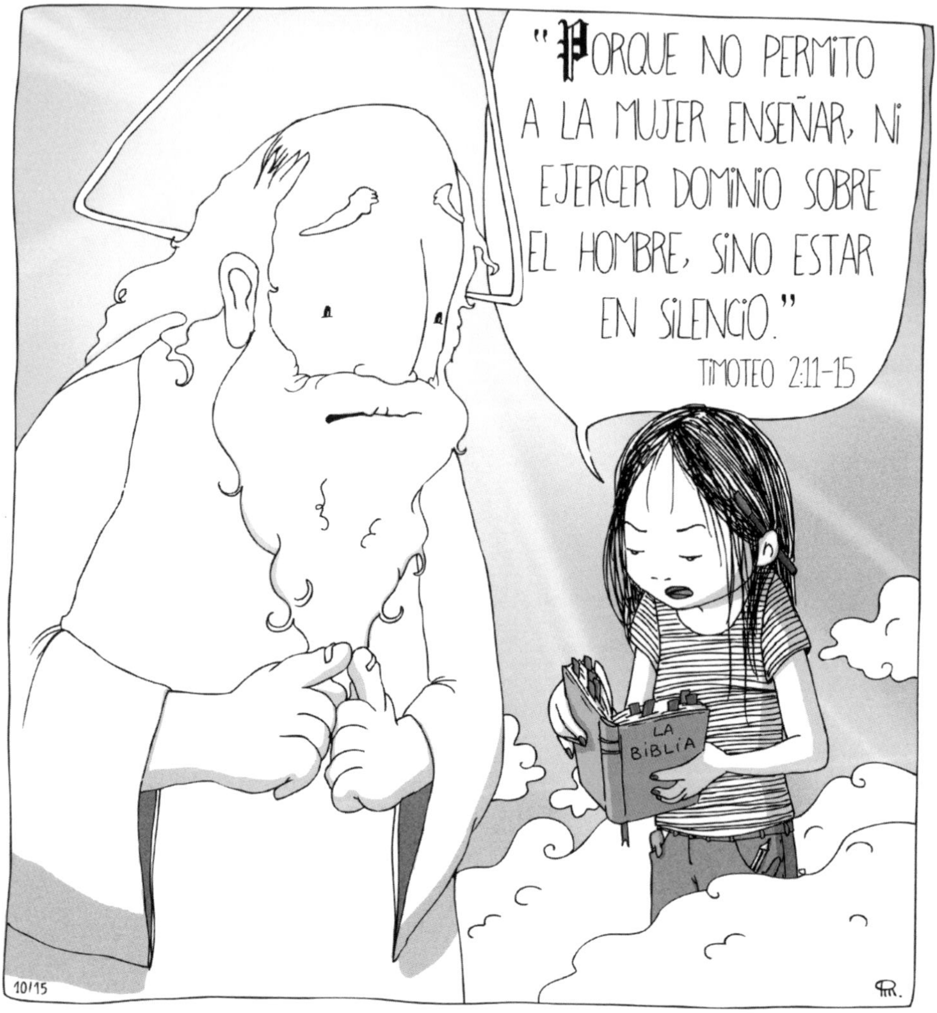
"PORQUE NO PERMITO A LA MUJER ENSEÑAR, NI EJERCER DOMINIO SOBRE EL HOMBRE, SINO ESTAR EN SILENCIO."
TIMOTEO 2:11-15
LA BIBLIA
10/15

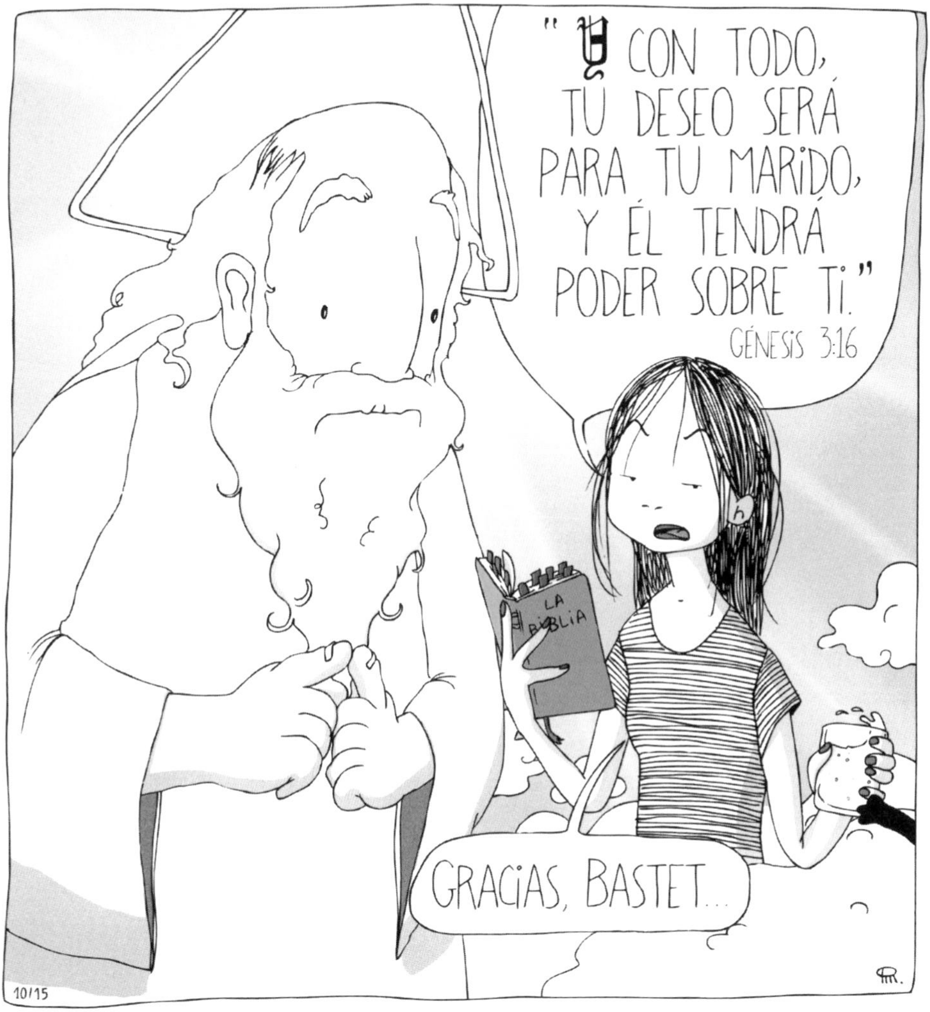
"Y CON TODO, TU DESEO SERÁ PARA TU MARIDO, Y ÉL TENDRÁ PODER SOBRE TI."
GÉNESIS 3:16
LA BIBLIA
GRACIAS, BASTET...
10/15

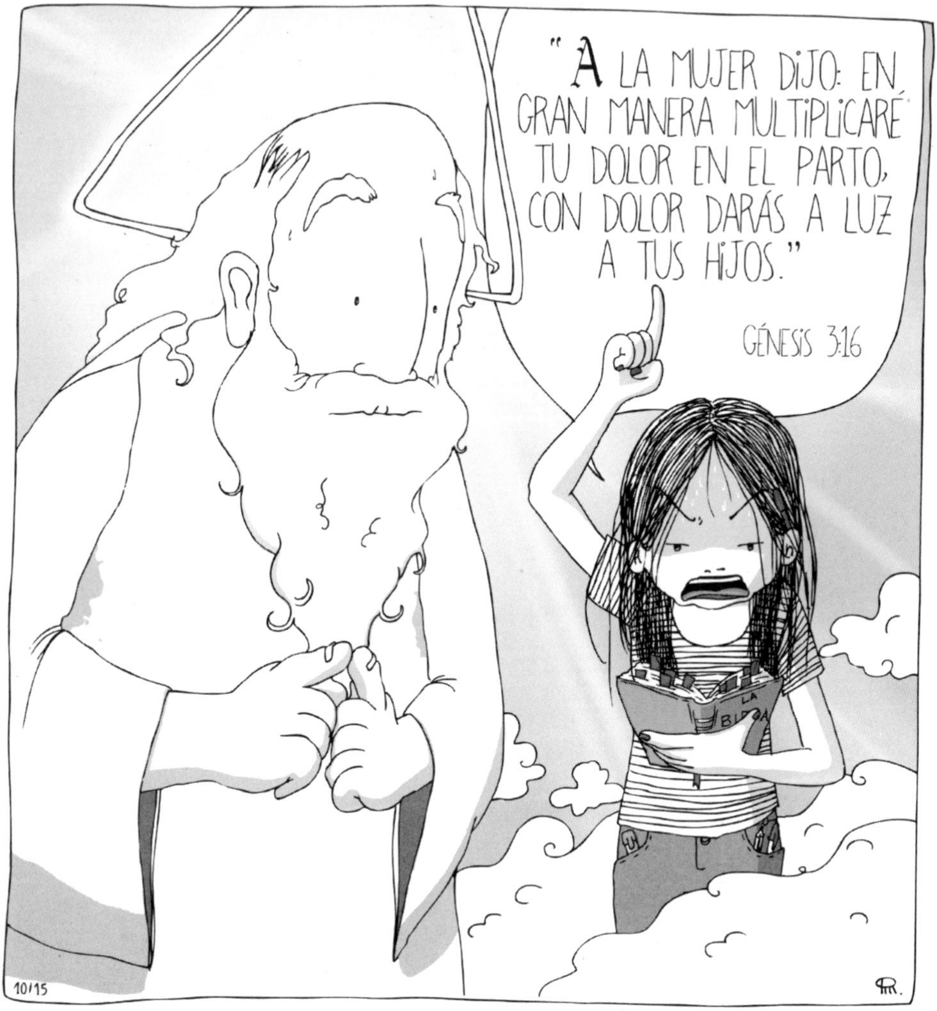
"A LA MUJER DIJO: EN GRAN MANERA MULTIPLICARÉ TU DOLOR EN EL PARTO, CON DOLOR DARÁS A LUZ A TUS HIJOS."
GÉNESIS 3:16
LA
10/15

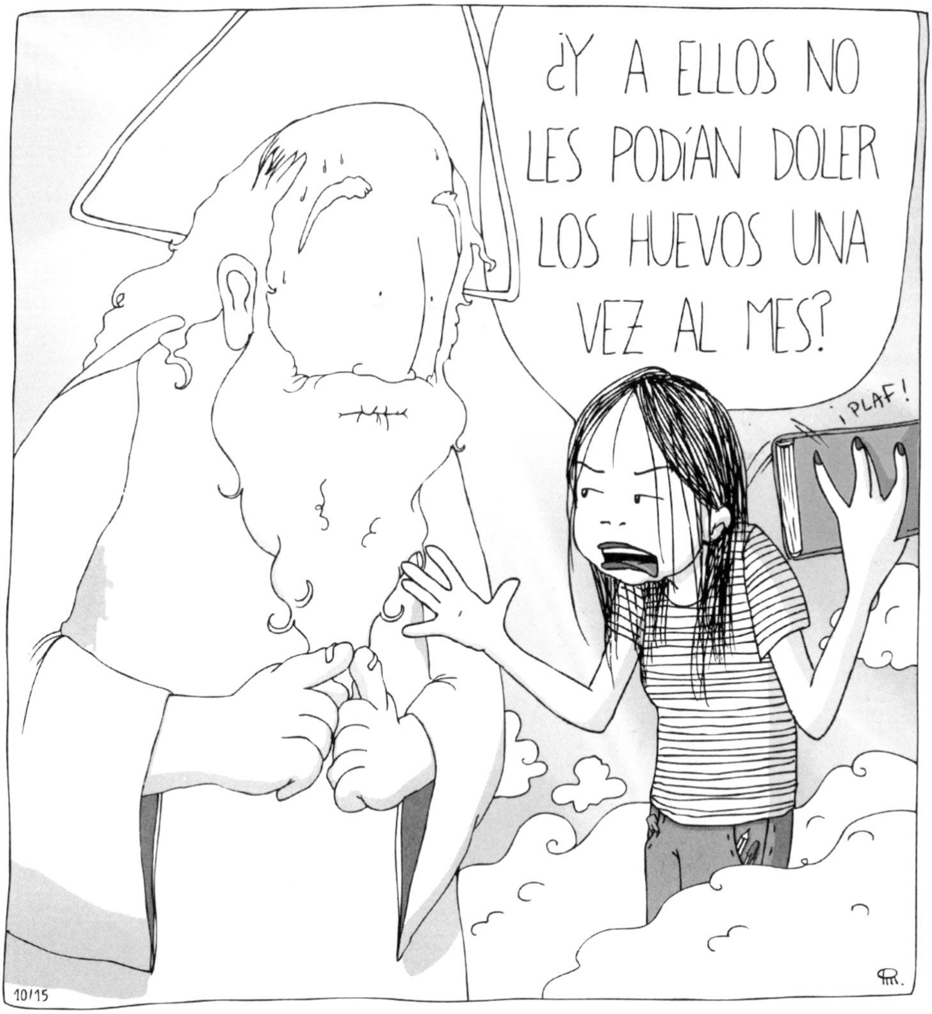
¿Y A ELLOS NO LES PODÍAN DOLER LOS HUEVOS UNA VEZ AL MES?
¡PLAF!
10/15

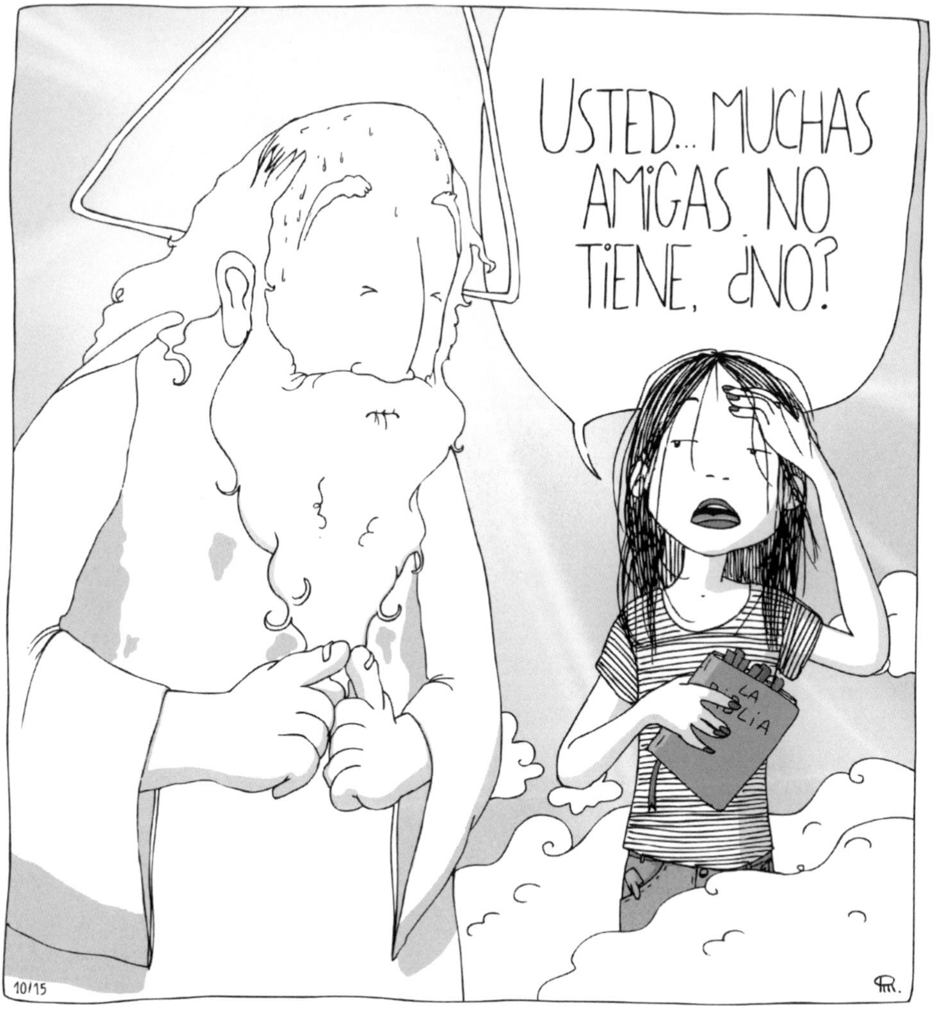
USTED... MUCHAS AMIGAS NO TIENE, ¿NO?
LA
10/15

Y EL SÉPTIMO DÍA,
LOLA DESCANSÓ.

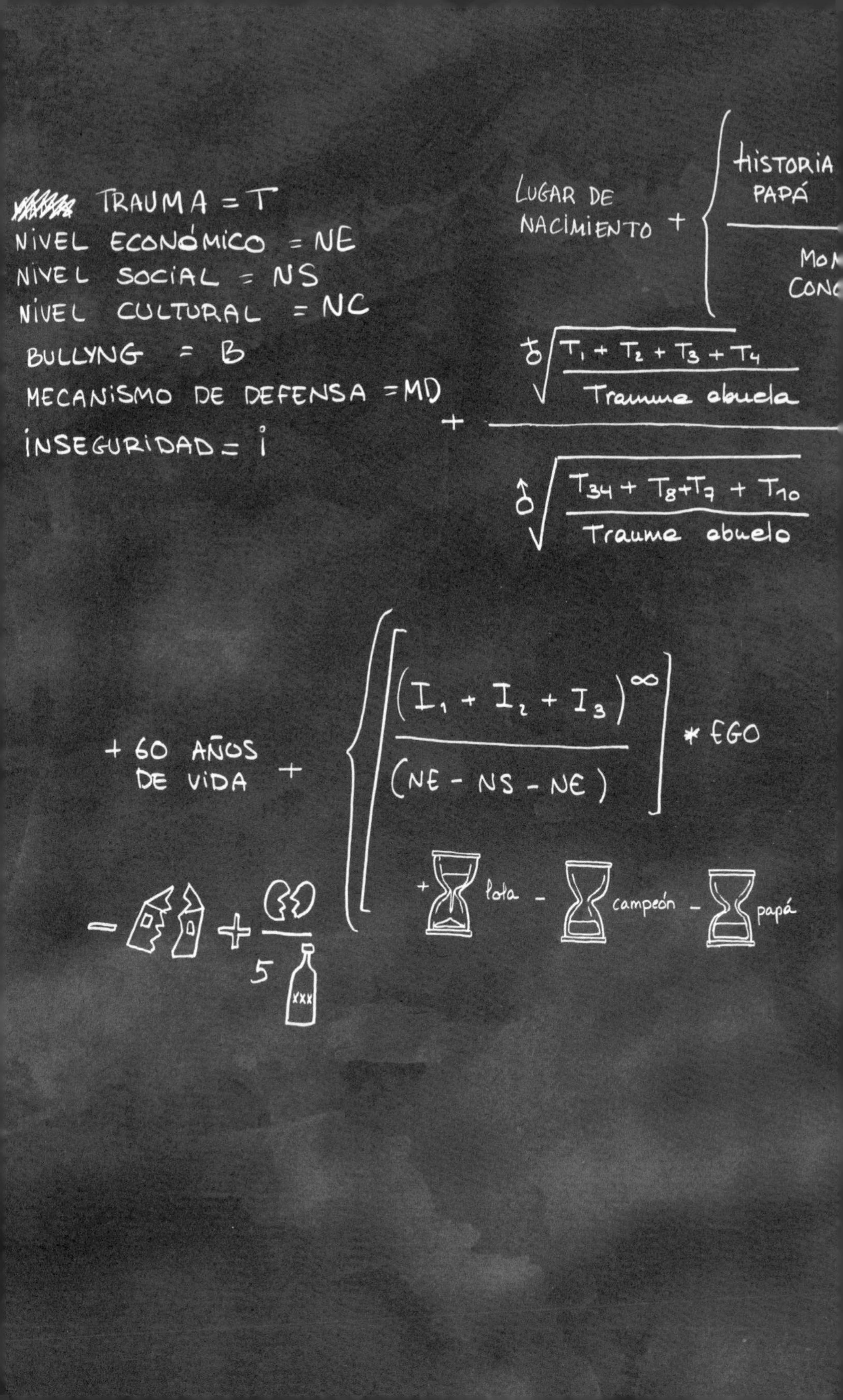
TRAUMA = T
NIVEL ECONÓMICO = NE
NIVEL SOCIAL = NS
NIVEL CULTURAL = NC
BULLYNG = B
MECANISMO DE DEFENSA = MD
INSEGURIDAD = I
LUGAR DE NACIMIENTO +
HISTORIA PAPÁ
MOM
CONC
T1 + T2 + T3 + T4
Trauma abuela
T34 + T8 + T7 + T10
Trauma abuelo
+ 60 AÑOS DE VIDA +
(I1 + I2 + I3)∞
(NE - NS - NE)
* EGO
lola
campeón
papá
5
XXX

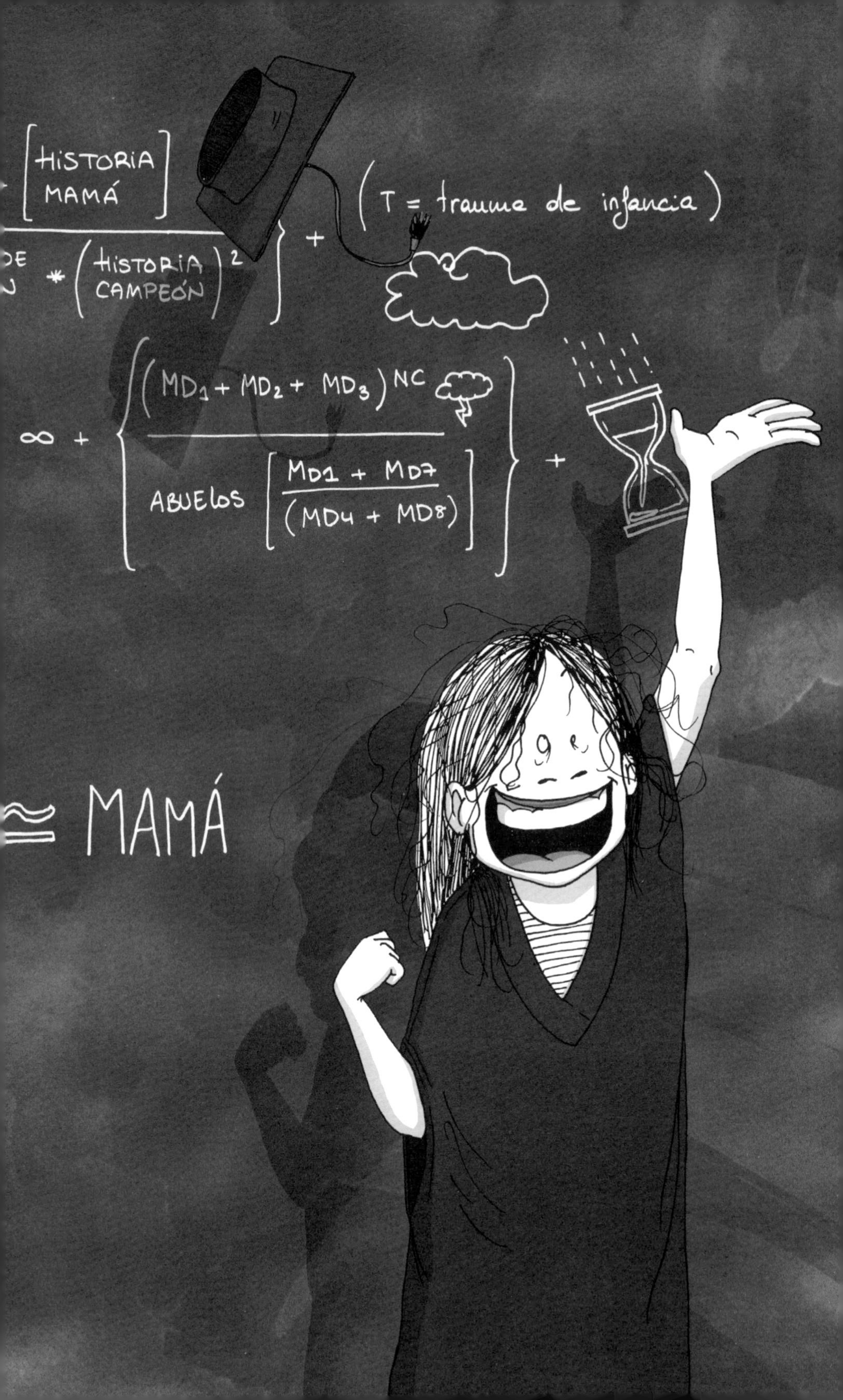

HISTORIA MAMÁ
DE
N
HISTORIA CAMPEÓN
T = trauma de infancia
MD1 + MD2 + MD3
NC
ABUELOS
MD1 + MD7
(MD4 + MD8)
≅ MAMÁ

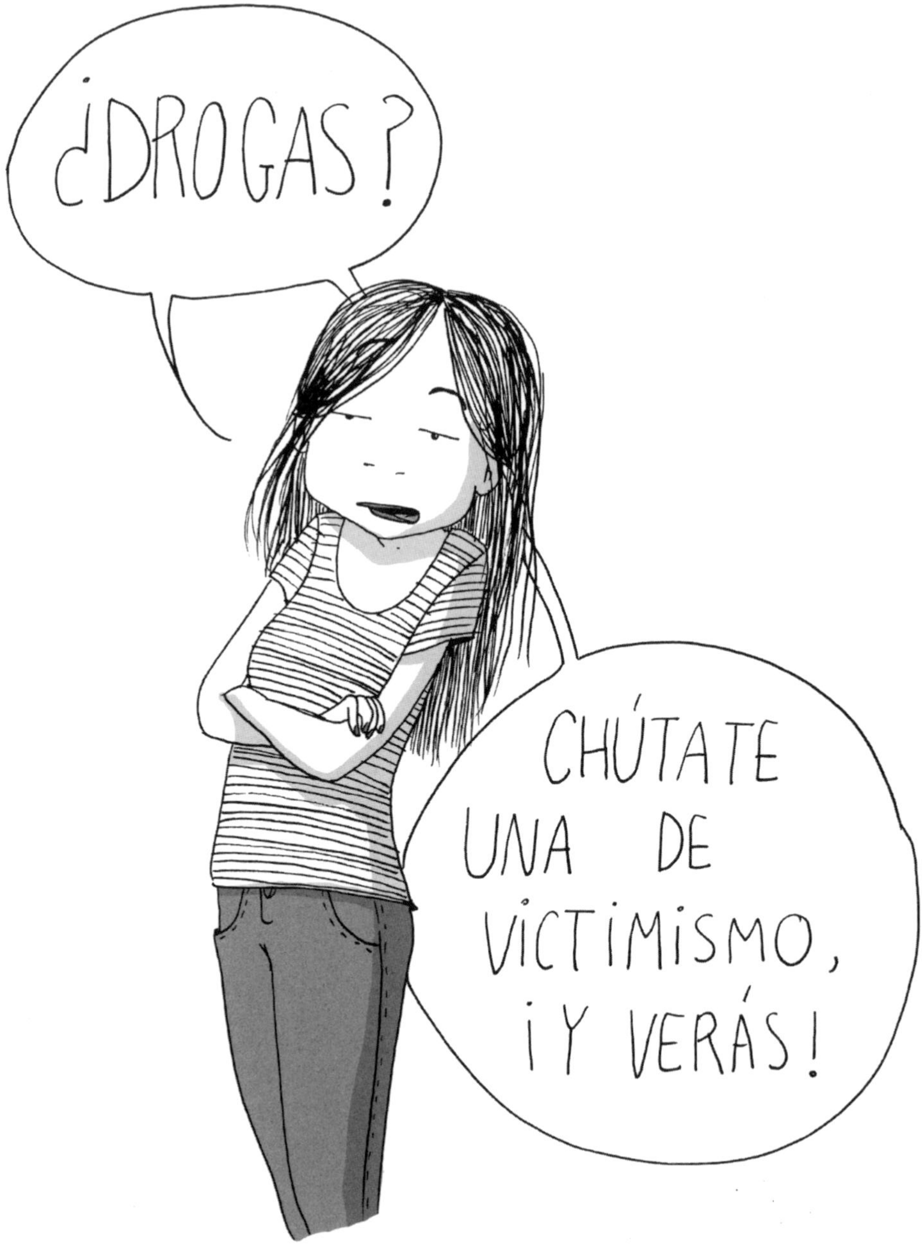
¿DROGAS?
CHÚTATE UNA DE VICTIMISMO, ¡Y VERÁS!

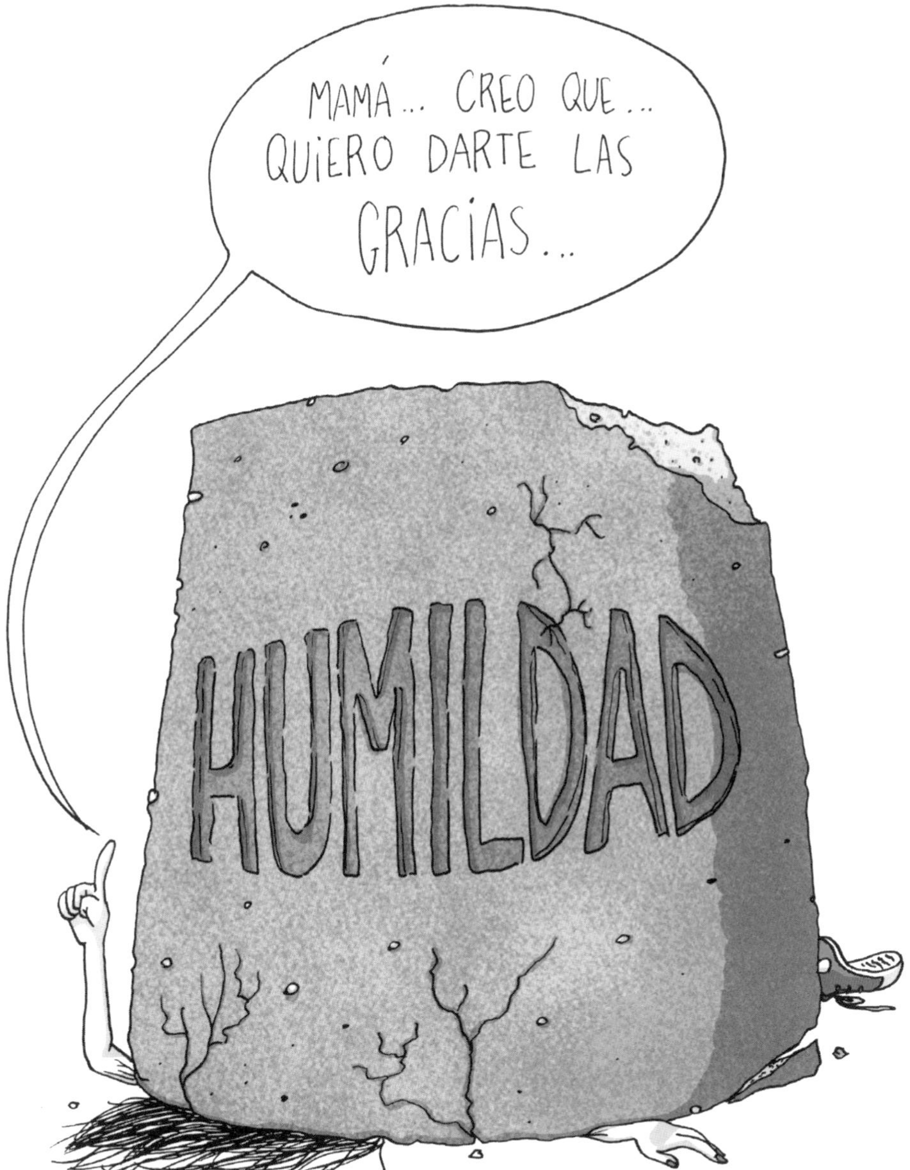
MAMÁ... CREO QUE... QUIERO DARTE LAS GRACIAS...
HUMILDAD

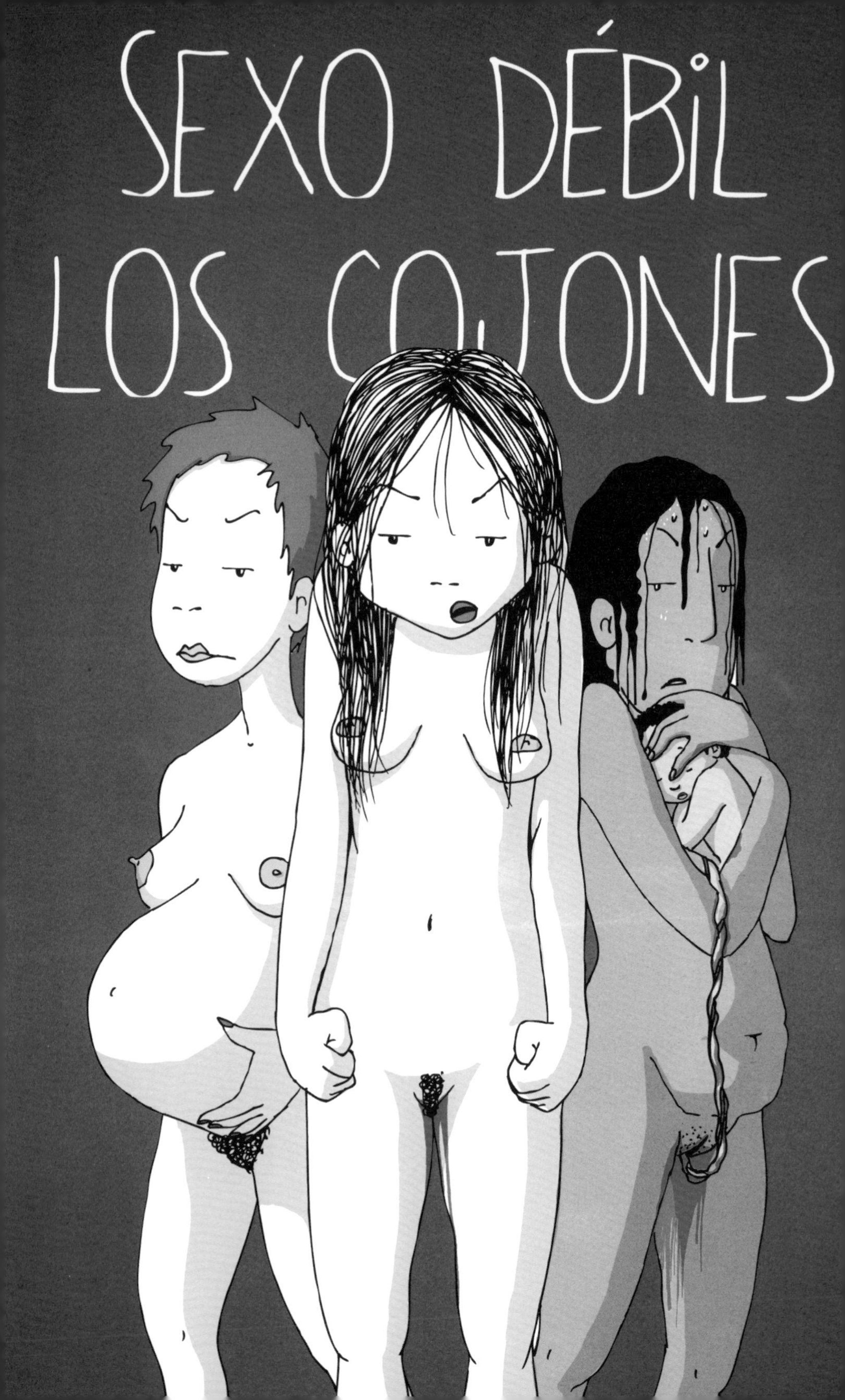
SEXO DÉBIL
LOS COJONES

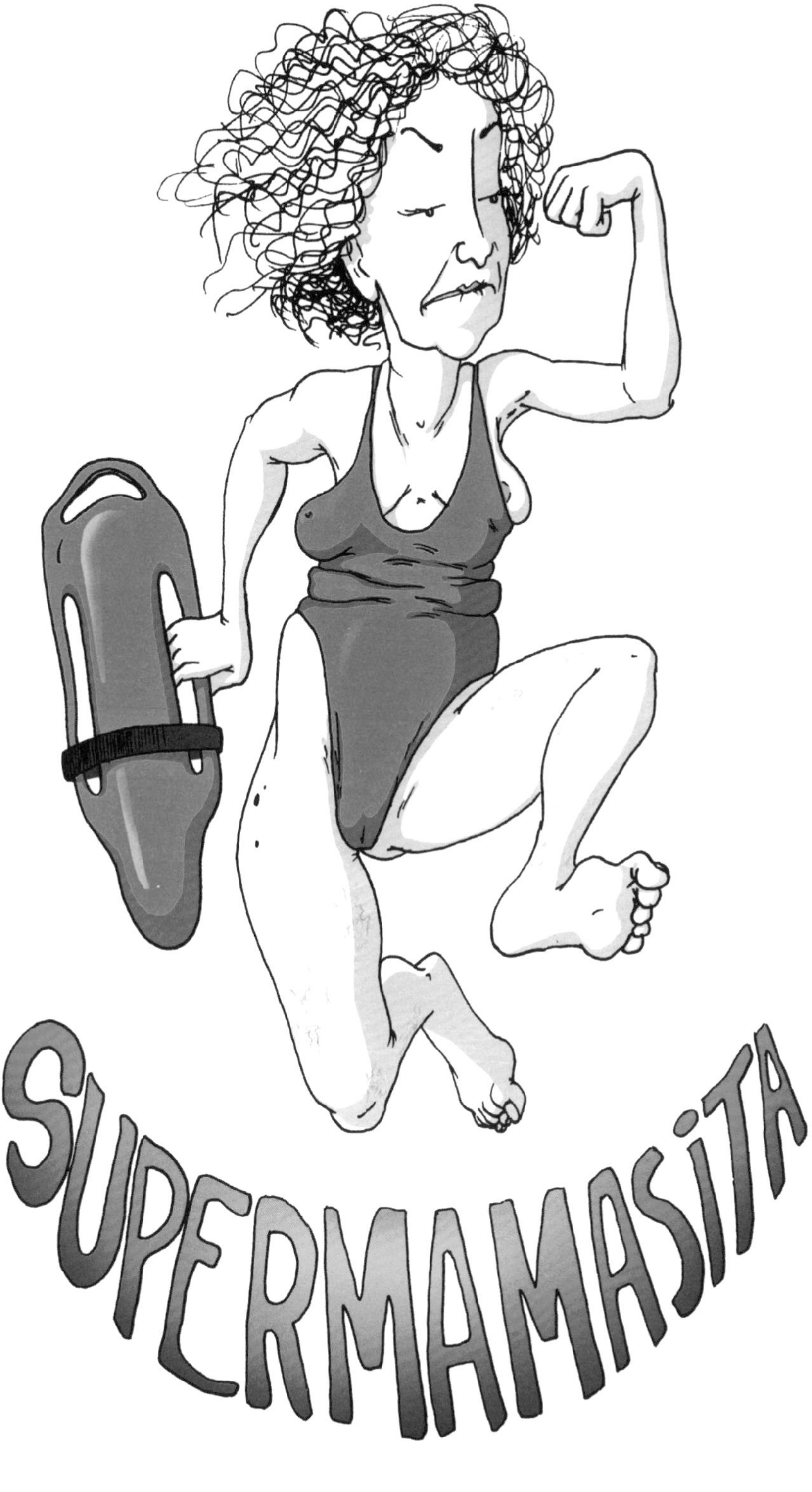
SUPERMAMASITA

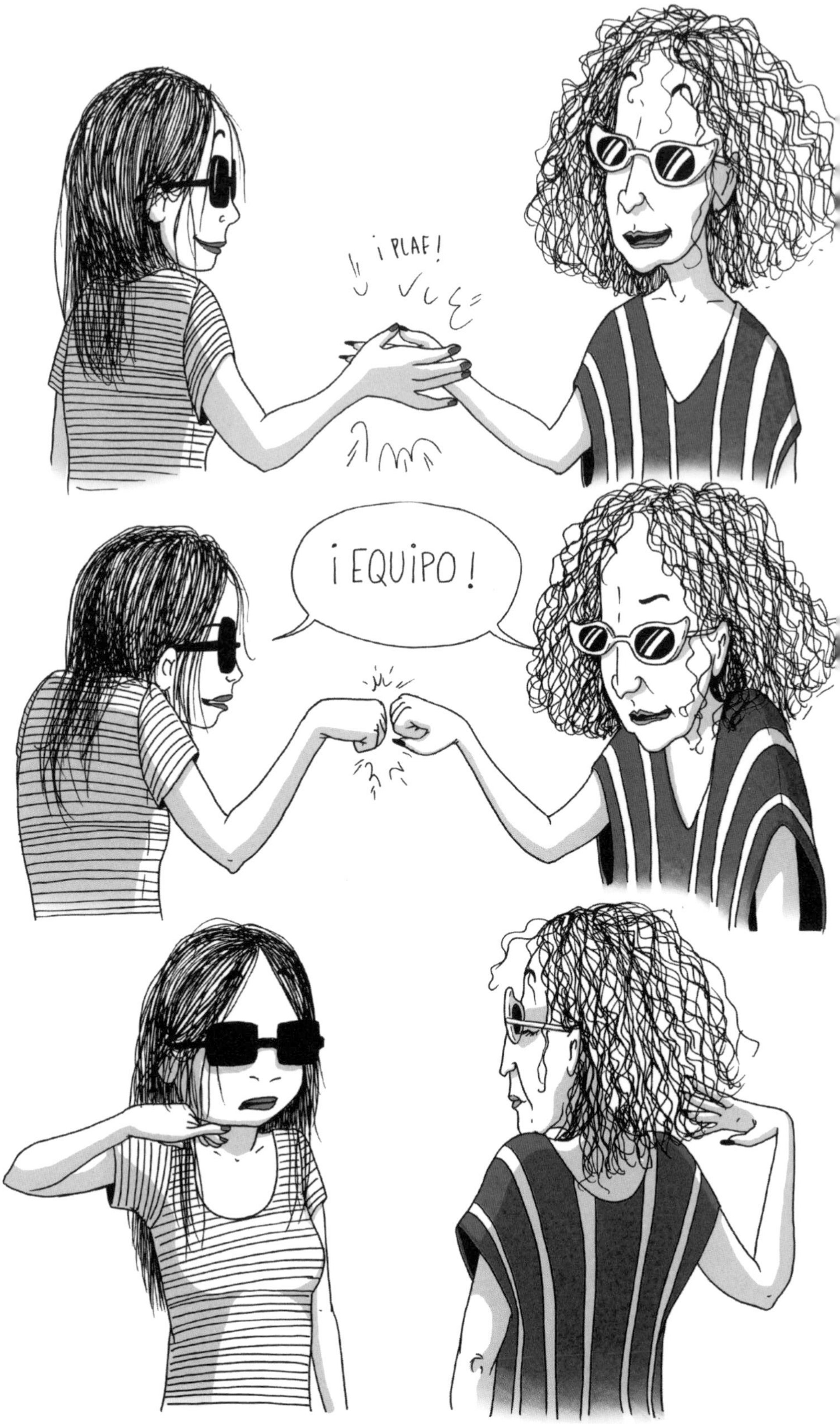
¡PLAF!
¡EQUIPO!

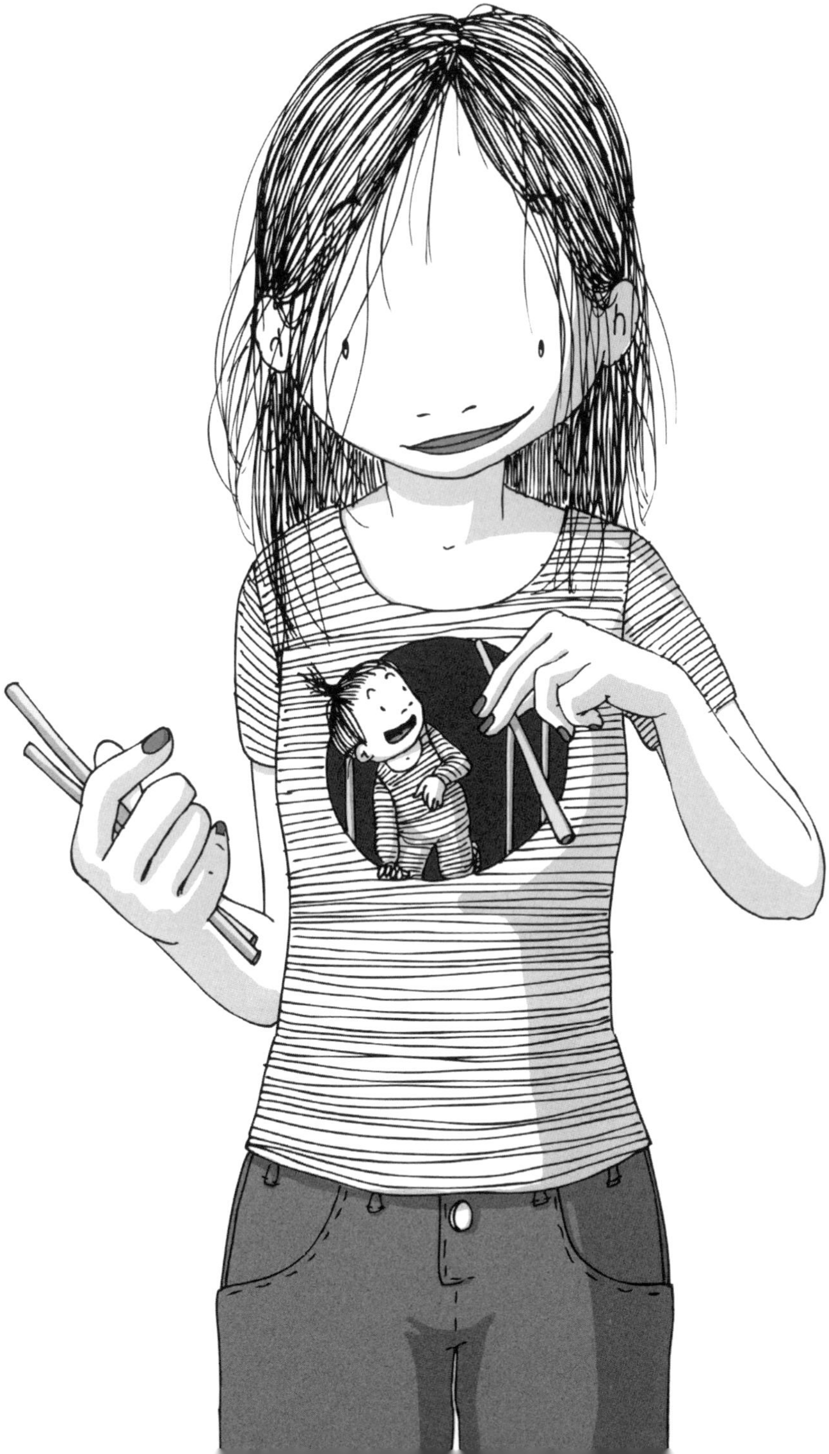

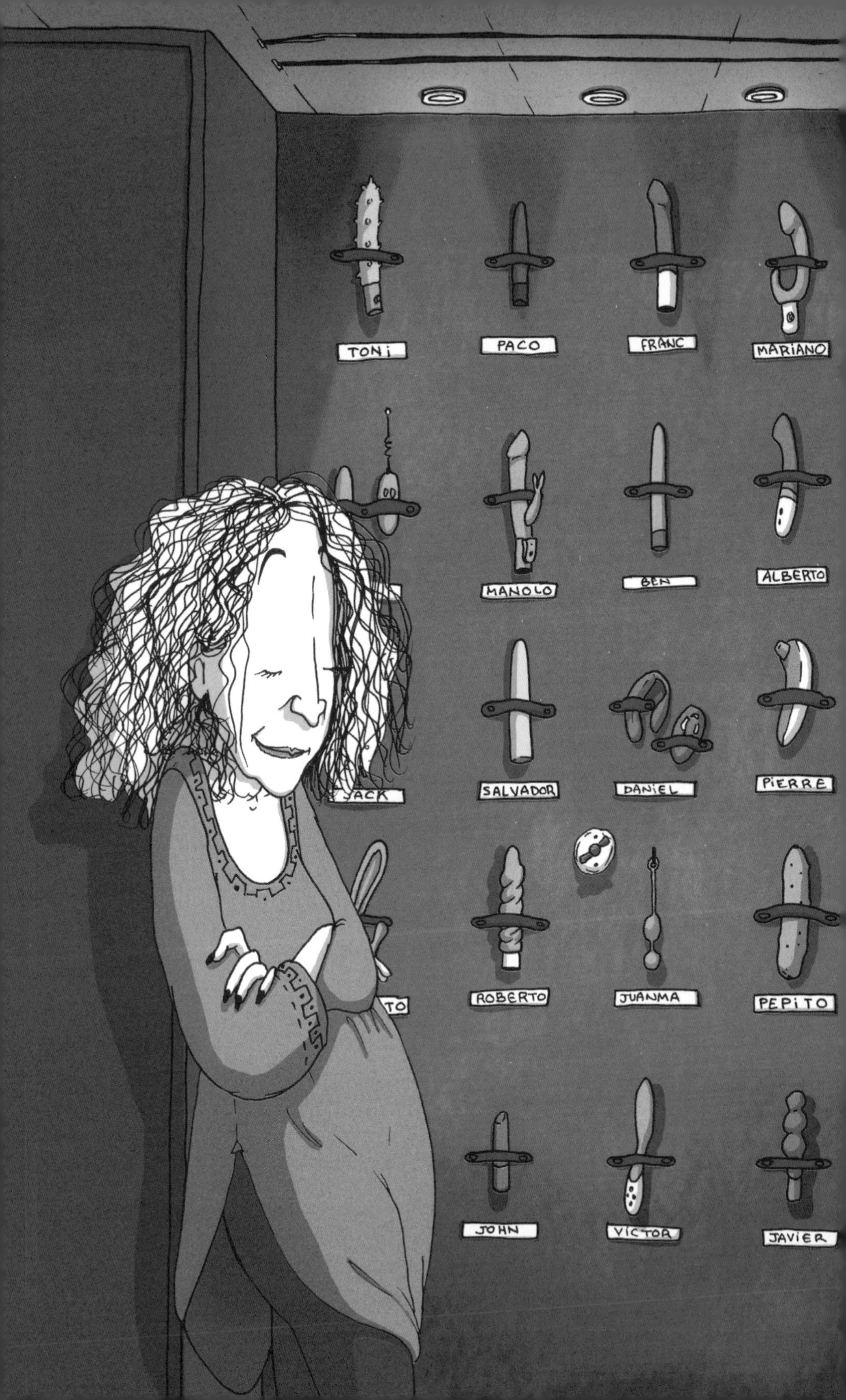
TONi
PACO
FRANC
MARiANO
MANOLO
BEN
ALBERTO
JACK
SALVADOR
DANiEL
PiERRE
ROBERTO
JUANMA
PEPiTO
JOHN
VÍCTOR
JAVIER

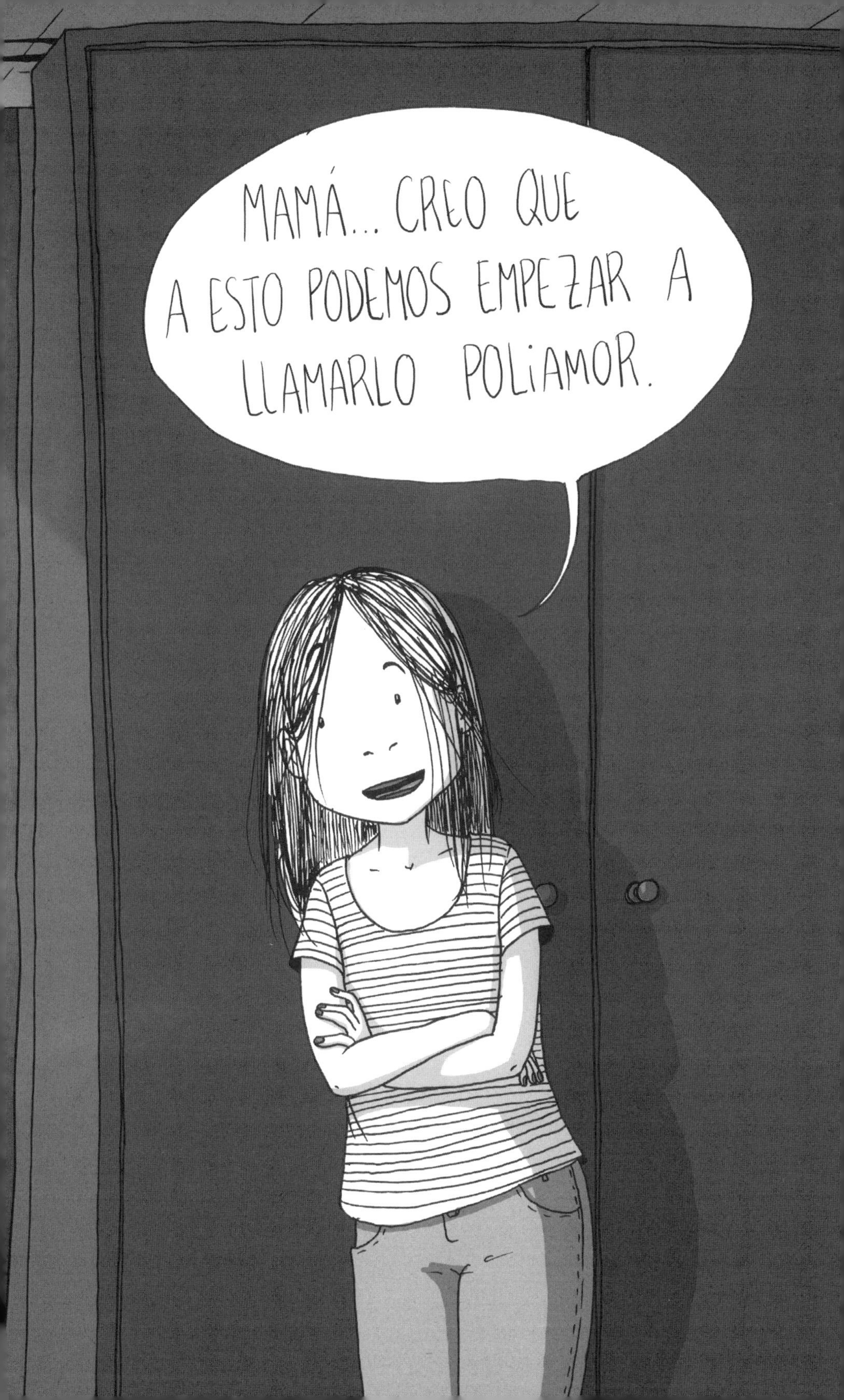
MAMÁ... CREO QUE A ESTO PODEMOS EMPEZAR A LLAMARLO POLIAMOR.

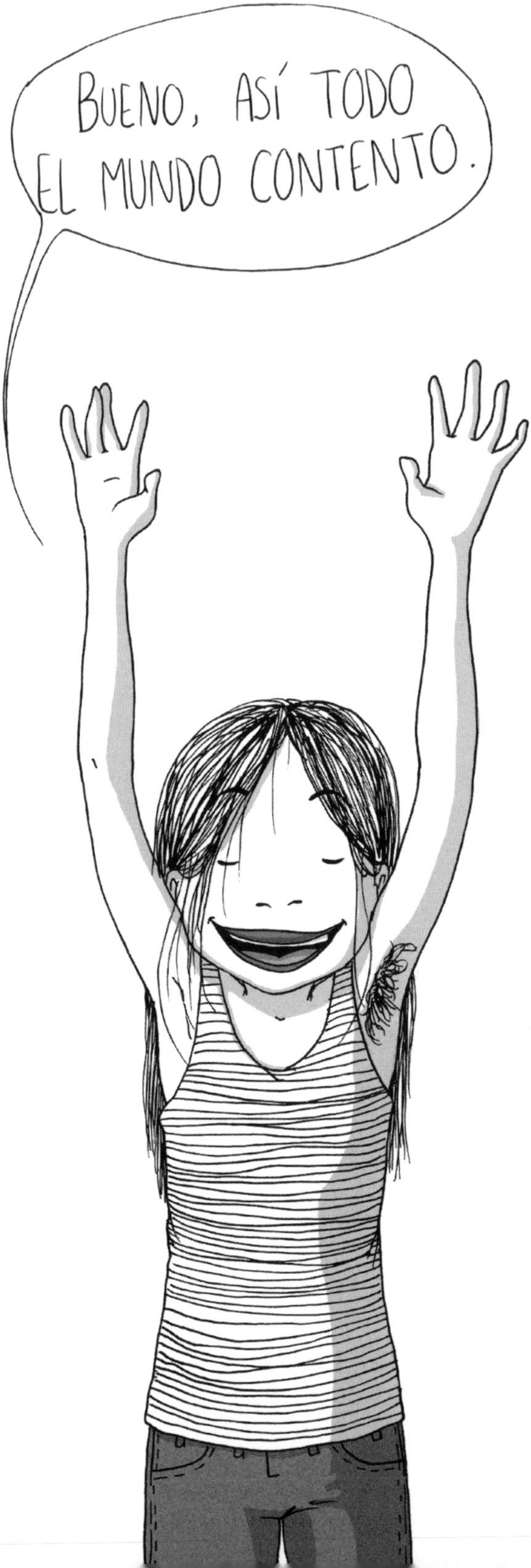
BUENO, ASÍ TODO EL MUNDO CONTENTO.

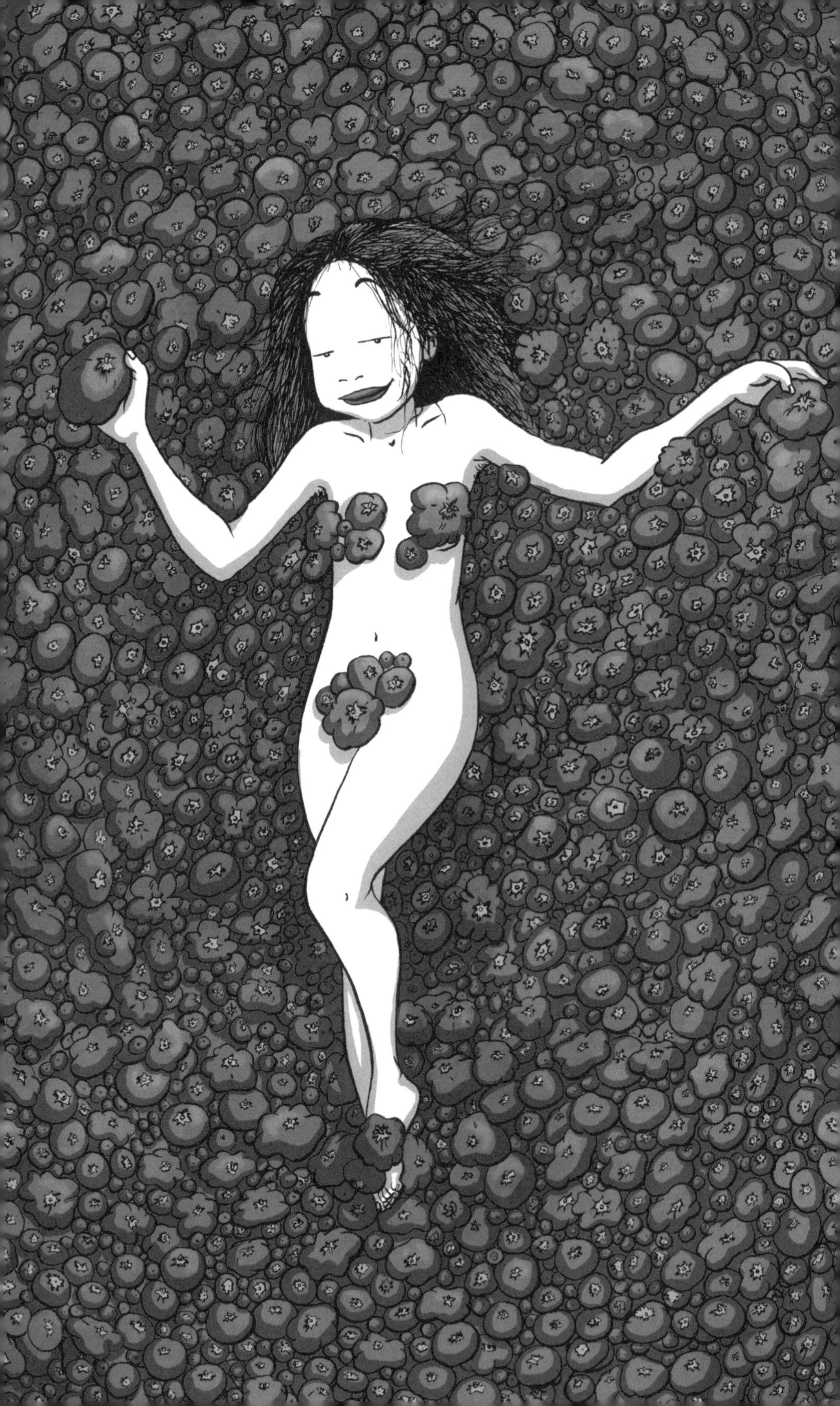

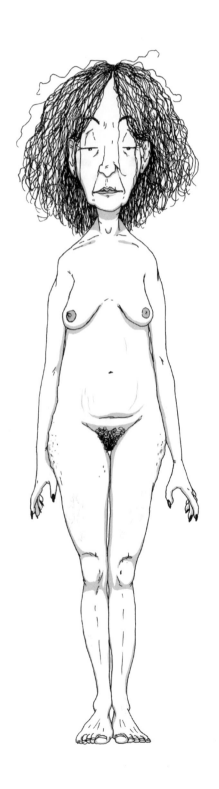

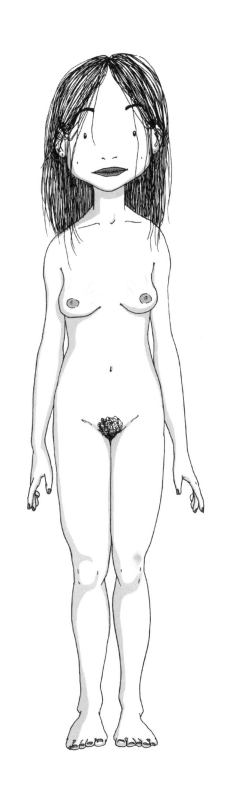

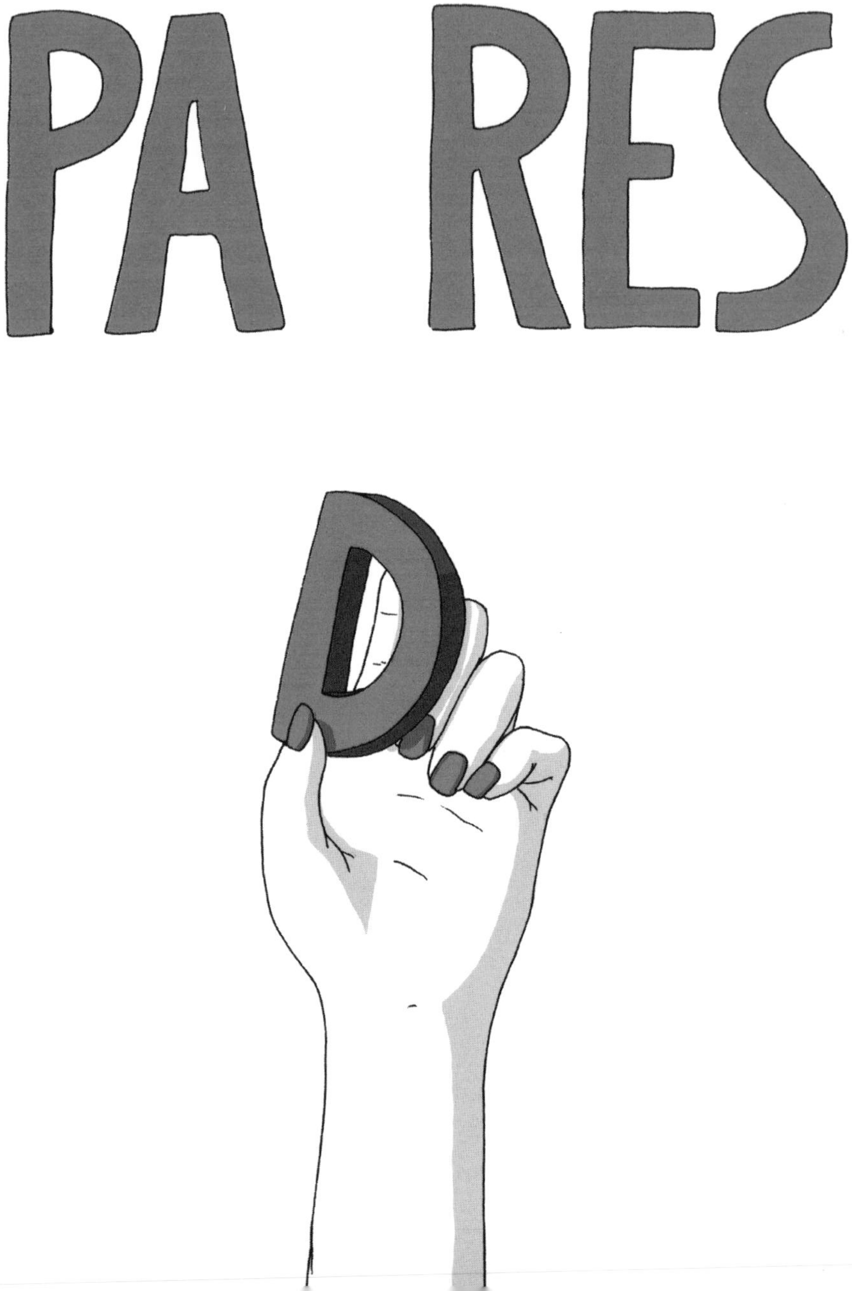
PA RES
D

HAY MUCHAS MANERAS

DE
SER
MADRE

SOY CÍCLICA

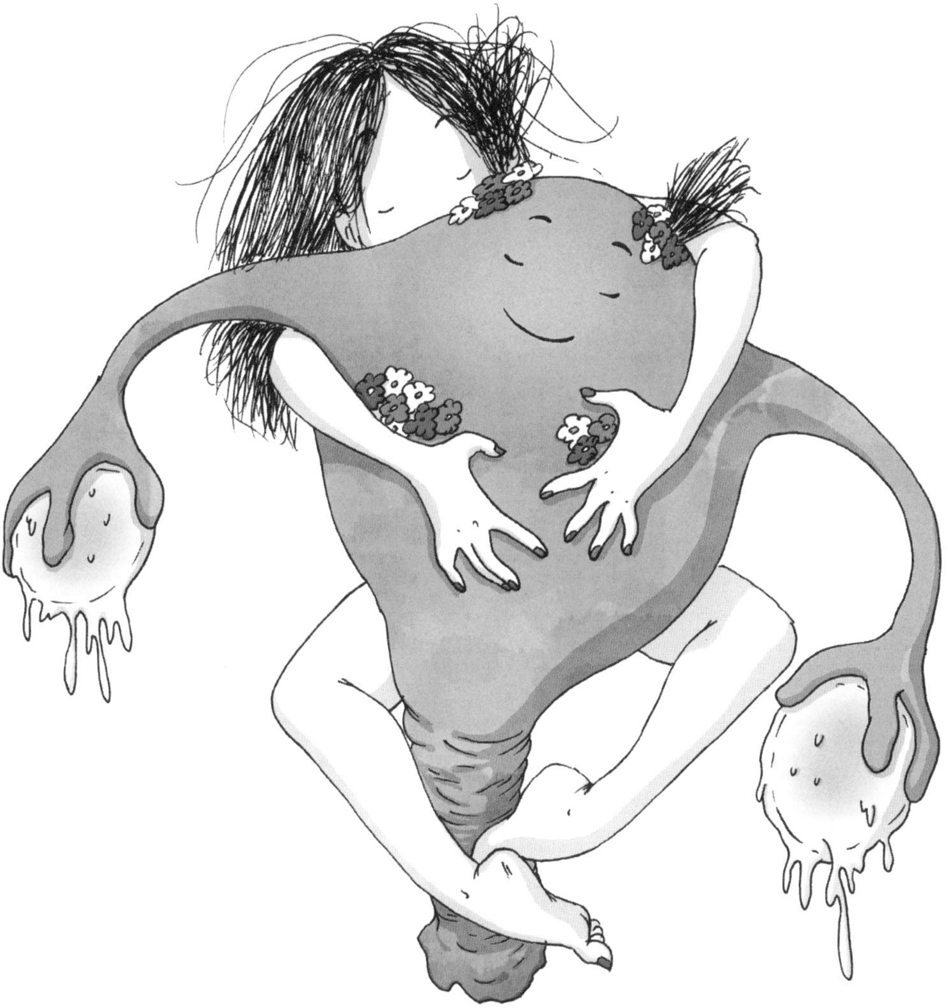

EL CONFLICTO NO ESTÁ

EN LA **CARNE**

QUE SE VE,

SINO EN LOS OJOS QUE MIRAN.

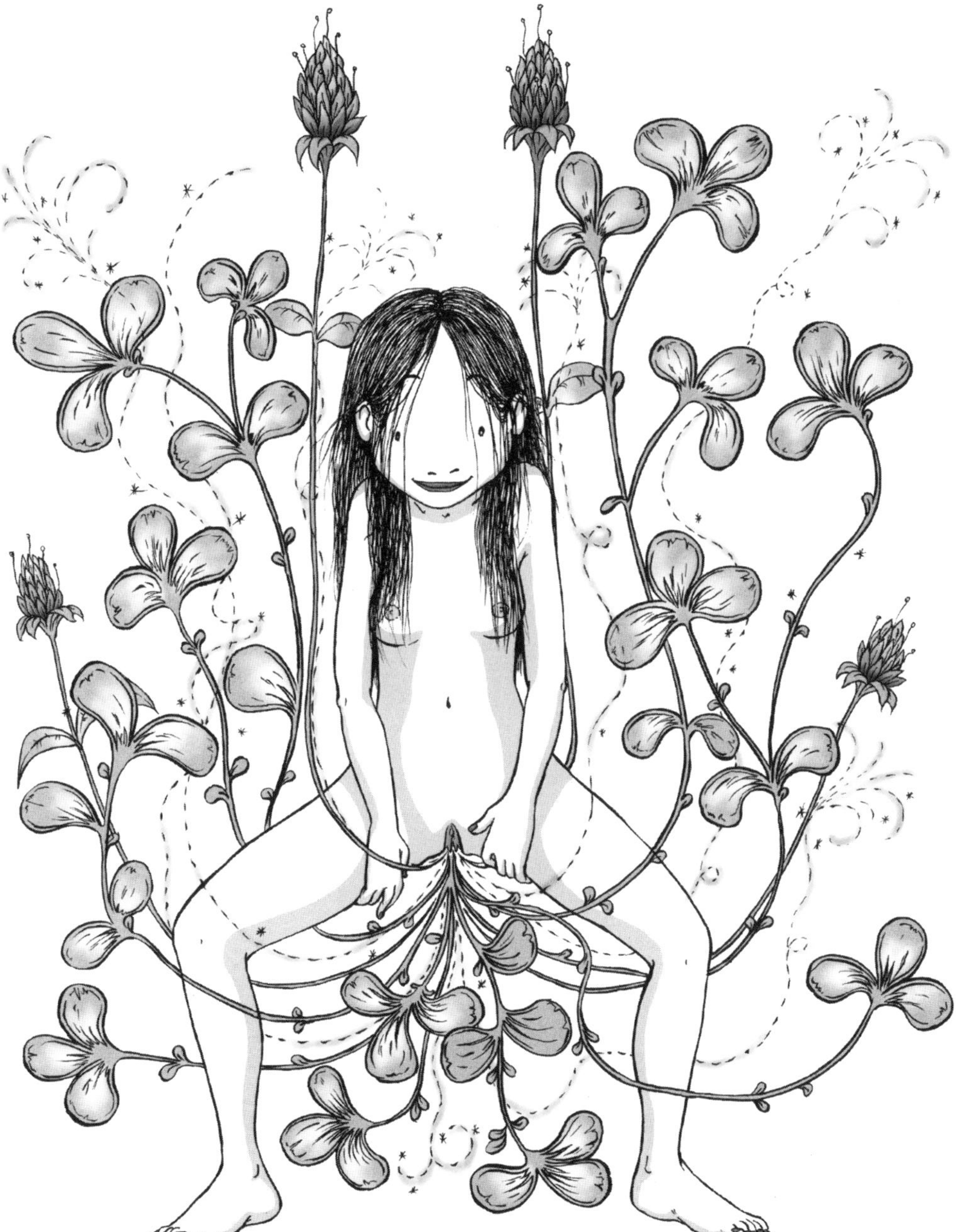

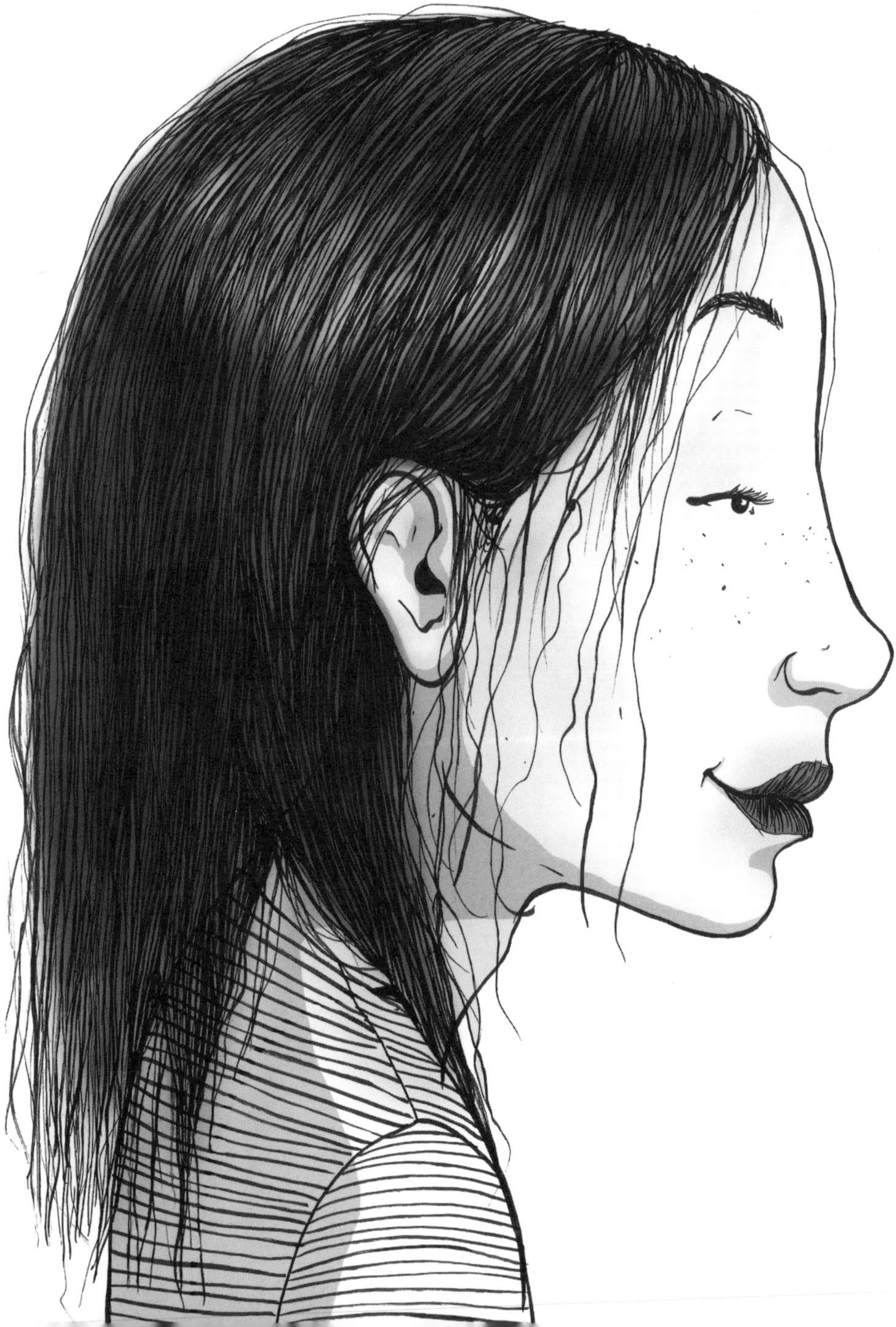

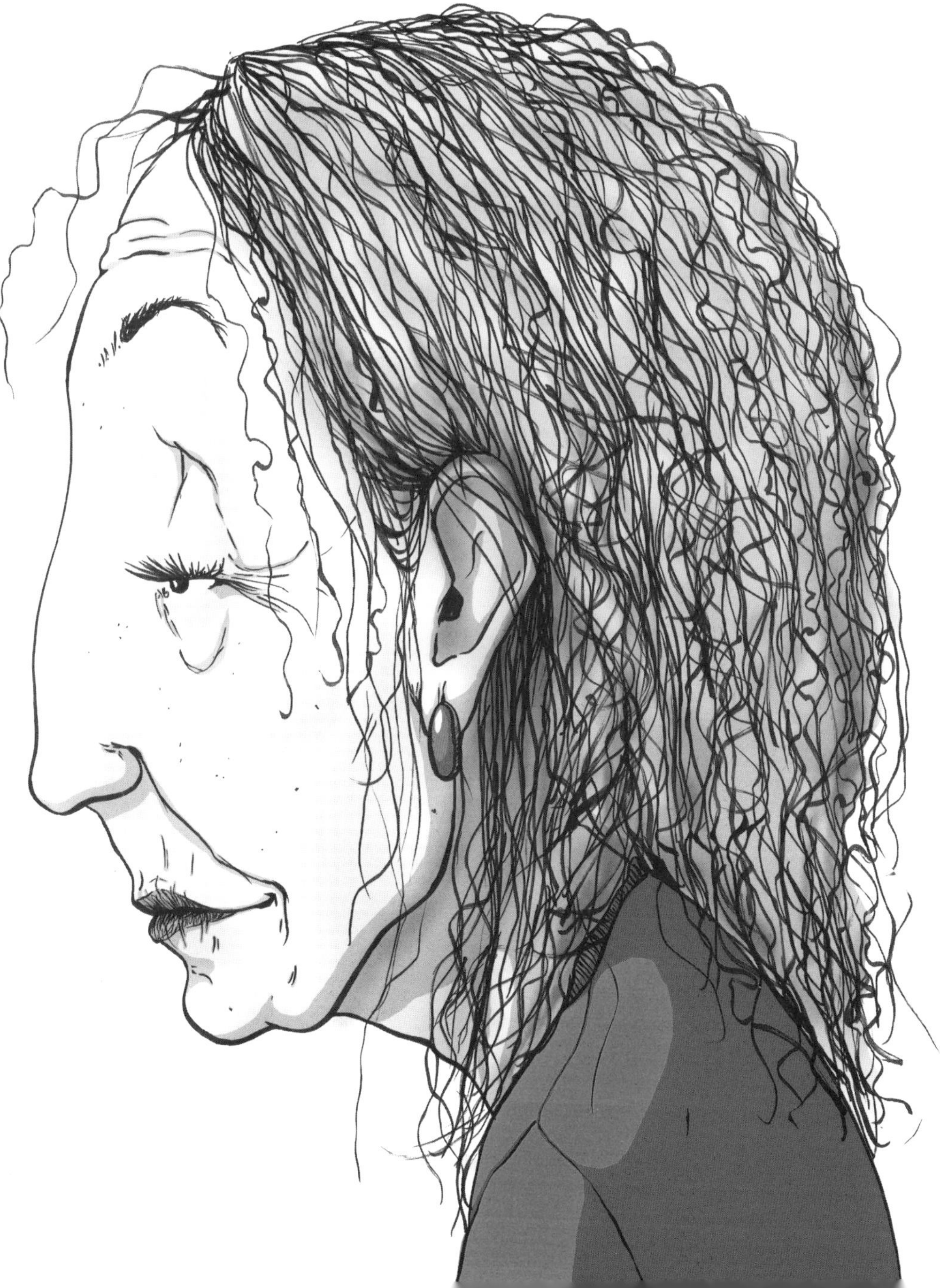

DIME CÓMO QUIERES A TU MADRE Y TE DIRÉ QUIÉN ERES

DIME CÓMO QUIERES A TU PADRE Y TE DIRÉ QUIÉN ERES

¿ Y SI LA HISTORIA NOS LA HUBIERAN CONTADO ASÍ ?

NO TODXS TENEMOS
▼ ÚTERO ▼
PERO TODXS HEMOS
VIVIDO EN
UNO.
▼

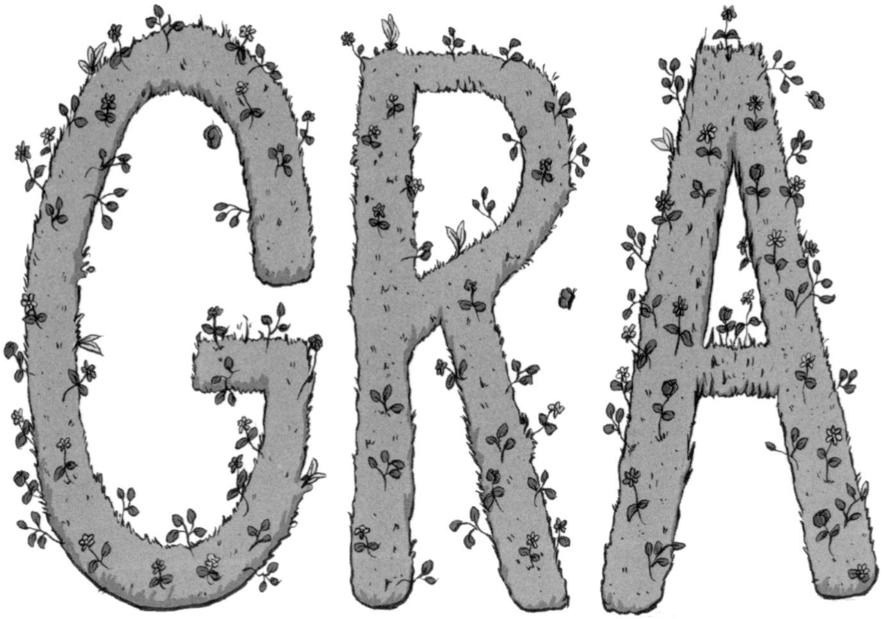
GRA

CIAS

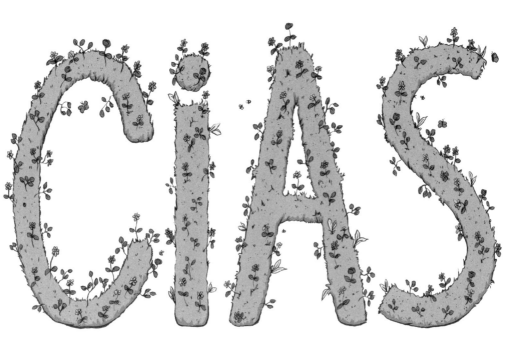

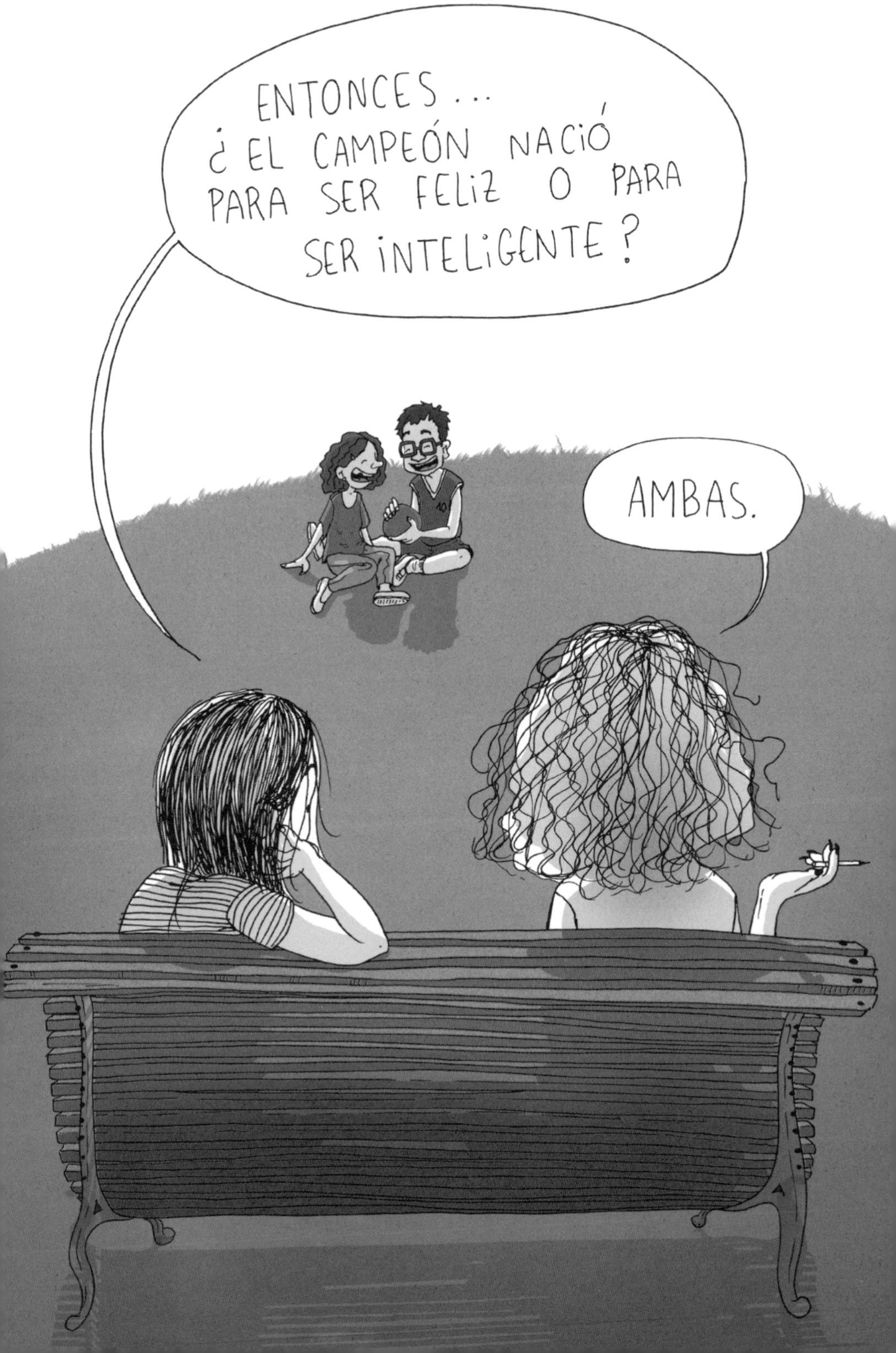
ENTONCES... ¿EL CAMPEÓN NACIÓ PARA SER FELIZ O PARA SER INTELIGENTE?
AMBAS.

CARTA A LA MADRE QUE ME PARIÓ ♥

Este libro está dedicado a la madre que me parió, que me dio papeles y lápices, paredes y rotuladores, lienzos y pinturas, y permiso para volar a través del arte: Clara Rossy Ramírez. Ella nunca me obligó a nada. Bueno, sí. Me obligó a hacer Bellas Artes cuando, quince días antes de matricularme, le dije que quería ser veterinaria porque ganaría más dinero.

Ella me dijo: «Deixa't estar de gilipollades i matricula't d'una puta vegada» («Déjate de gilipolleces y matricúlate de una puta vez»), y por supuesto me cabreé, y un mes más tarde supe que era una de las mejores decisiones de mi vida.

Eres la artista más fuerte, entregada y talentosa que conozco. Dios, el universo, la pachamama o quien coño sea me ha puesto a la mejor madre que podía pedir. Sin una mujer como tú a mi lado jamás estaría haciendo lo que hago. Con tu mala leche, tu buen sentido del humor, tu desparpajo y tu fe visceral en tus hijos me lo has enseñado todo. Sé que si te digo estas cursiladas cara a cara te pones roja y miras para los laditos, y cambias de tema o me dices: «Ai nena!», y te lías un cigarro al instante. Yo me burlo con cariño porque haces eso, y te partes con esa risa tuya de Pulgoso.

Te agradezco cada minuto que nos has dedicado a Marc, a Guille (el Campeón), a mí, a Núria, a Míriam y, claro, al papa, el Jaume. Y por supuesto te agradezco en mayor medida, porque lo mereces más que nadie, todos los minutos que te dedicas a ti. Tú eres una superheroína de verdad, con tus manchas en la piel, tus varices y tus estrías de habernos cargado en tu barriga.

Como dijo tu hermana Núria: «Almodóvar se pierde una gran película con la vida de tu madre». Un libro de doscientas páginas no alcanzaría para explicar todos los matices de tu personalidad, tu percepción del mundo y tus contradicciones de ser humano que ha vivido demasiadas cosas en una sola existencia. Te admiro con cada célula del cuerpo que tú y el papa concebisteis. Con cada célula del cuerpo que desde el 10 de julio de 1990 ya no se alimenta de tu sangre, sino de tus historias.

Estoy sentada en la terraza del Hotel Bioma, en la isla de Mompox, Colombia, y sé que estoy aquí hoy porque os he tenido a ti y al papa a mi lado, contra toda adversidad, con vuestros defectos y vuestras virtudes, y que todo eso ha hecho la receta perfecta. Luego vino un tal César Biojó, al que hoy en día quiero multiplicar como los panes y los peces (o al menos hacer intentos orgásmicos hasta que me muera), y reventó las barreras de la cautela en mi vida y me ayudó a eclosionar.

Nos han hecho creer que una mujer o lo es todo o no es nada, o es lo más exitoso o se reduce a la esfera privada, a la casa, al hogar. Como si lo que has hecho tú por nosotros fuera una reducción. Nos han metido entre ceja y ceja que las mujeres con aspiraciones no quieren ser madres, sino algo más. Algo más, porque ser madre es menos.

Cuando leo esos artículos de grandes mujeres exitosas que tienen una empresa, tres hijos, una casa con jardín y jardinero, un perro espectacular, un coche a prueba de bombas, que igual han plantado un árbol y escrito un libro, pienso en ti. Que tu casa es bonita, pero no es una mansión; que tu perro es la cosa más patosa del planeta; que no has escrito un libro porque no has tenido tiempo, y que prefieres las plantas de plástico porque hasta los cactus se te mueren.

Tus hijas e hijos te hemos oído narrando la soledad de una madre con un hijo enfermo, dándole leche con un gotero porque estaba tan débil que no podía succionar. Te hemos visto perder la cabeza entre bragas y calzoncillos de distintos tamaños, y al final marcarlos con nombre y apellido para poder organizarte. Tengo que decirte que la primera vez que tuve relaciones sexuales me preguntaron por qué mis bragas llevaban mi nombre y yo me fastidié pensando en ti, pero hoy me da muchísima ternura.

Te hemos visto estudiando todo el sistema endocrino para entender el cuerpo de tu hijo, que los médicos no eran capaces de descifrar, acompañándome a todas las terapias hippies que he hecho para entender a mi familia, sentada al lado de mi hermana cuando la enchufaron a la quimio, compartiendo cafés conmigo y con todos mis amigos en el bar de Bellas Artes, escuchando cada ruptura, cada reconciliación, cada cursilería, cada pérdida de fe y cada logro, odiando a las parejas que nos hacen daño y abriéndoles la puerta unos meses después con la aceptación y la confianza de los padres que no entienden el corazón de sus hijos. Hablando de sexo, de mierda, de orgasmos, de pedos, de las más incómodas intimidades, y luego acompañando a tus hijos en sus conciertos de música de principiantes, de versiones de autores que ni te van ni te vienen. Y tú ahí, con esa eterna sensación de no tener tiempo para nada, de no verte suficientemente guapa, de que se te escurren los años entre drama y drama... De pie, mirando el espectáculo de la vida a través de los cinco hijos que sacaste por la vagina, de un marido fascinado por el huerto que plantó cuando Núria necesitaba comida ecológica para el tratamiento del cáncer, de una perra que fuimos a adoptar a escondidas de papá, y de una gata negra que entró en casa persiguiendo a Marc para ayudarle a desengancharse para siempre de la mariguana. Tú ahí siempre, y tu familia mirándote, preguntándose si realmente eres consciente de todo lo que has hecho.

Y no, no has sido una madre perfecta. Hay veces en que has sido medio cabrona, veces en que has sido una mamá protectora y otras en que has sido mi mejor amiga. Luego voy a la psicóloga y me dice que las madres no pueden ser amigas, y yo... ¡qué quieres que te diga!: hay psicólogos que están sobrevalorados y definiciones de maternidad que me traen sin cuidado.

Ah, y no pudiste escoger a un mejor compañero para todo este bombazo de vida que hemos tenido: el papa. Con su calma, su dedicación en el trabajo, su amor por las cosas sencillas, su constancia y su manera de explicarnos la naturaleza piedra a piedra, planta a planta. Sin sus pies aterrizados igual estaríamos permanentemente comiéndonos la olla, arreglando el mundo en la mesa del balcón y recorriendo en bucle los mismos conceptos, una vez y otra, y otra, y otra, y otra... *Gràcies, papa.*

Y ya paro. Termino este texto en un café que se llama La Presentación, en Cartagena de Indias, Colombia, cerca de la ciudad donde nació César. Una ciudad llena de turistas, de edificios preciosos y mujeres y niños con una suerte de vida muy diferente. Museos, lujos, restaurantes a precio europeo y esclavos de prostitución para los turistas que vienen a recrearse con sus cuerpos, buscando el amor que no encuentran en ellos mismos, cometiendo agresiones que no tienen perdón de Dios. El mundo está lleno de mujeres en sus casas, mujeres en habitaciones, mujeres en cocinas, en esa falsa reducción de existencia, soñando entre sábanas, pañales, ollas, condones, escobas y fotos de revistas que nunca protagonizarán, o sin tan siquiera el derecho de soñar.

Que todo lo que ha pasado, mama, nos sirva para entender que se puede aprender desde el dolor, pero que desde el placer también se aprende. Debemos trabajar para arreglar el daño que hemos hecho como humanidad, y solo lo lograremos descorchando el alma.

Mama, Clara Rossy Ramírez, sé lo que te dé la gana porque, para mí, ya lo has sido todo.

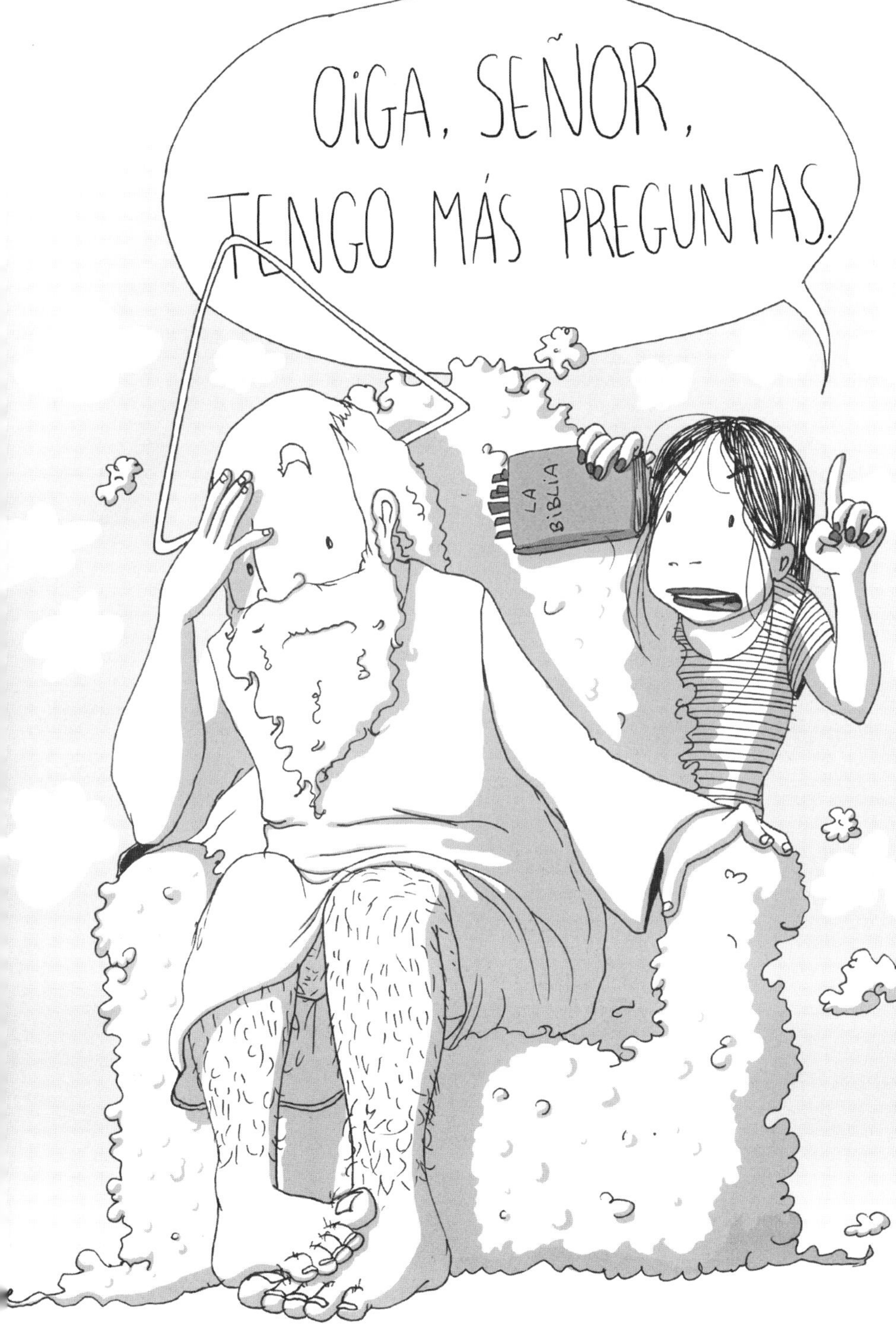
OiGA, SEÑOR, TENGO MÁS PREGUNTAS.
LA BIBLIA

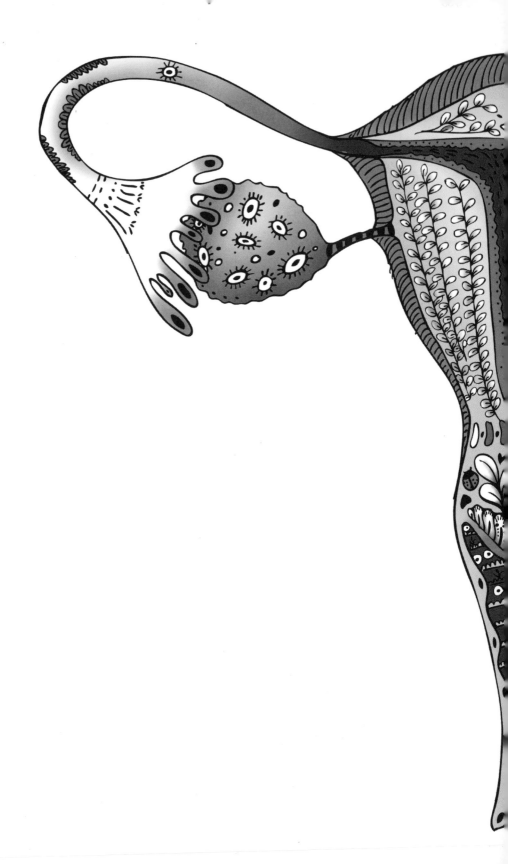